金融体系与实体经济发展适配效应研究

The Nexus Effect between Financial System and Real Economy

周 悦／著

吉林大学出版社

·长春·

图书在版编目（CIP）数据

金融体系与实体经济发展适配效应研究 / 周悦著. ——
长春：吉林大学出版社, 2022.8
ISBN 978-7-5768-0209-2

Ⅰ.①金… Ⅱ.①周… Ⅲ.①金融体系－研究－中国
②中国经济－经济发展－研究 Ⅳ.①F832.1②F124

中国版本图书馆CIP数据核字(2022)第144636号

书　　名：金融体系与实体经济发展适配效应研究
　　　　　JINRONG TIXI YU SHITI JINGJI FAZHAN SHIPEI XIAOYING YANJIU

作　　者：周　悦　著
策划编辑：黄国彬
责任编辑：单海霞
责任校对：田茂生
装帧设计：刘　丹
出版发行：吉林大学出版社
社　　址：长春市人民大街4059号
邮政编码：130021
发行电话：0431-89580028/29/21
网　　址：http://www.jlup.com.cn
电子邮箱：jldxcbs@sina.com
印　　刷：天津和萱印刷有限公司
开　　本：787mm×1092mm　　1/16
印　　张：11.75
字　　数：180千字
版　　次：2023年6月　第1版
印　　次：2023年6月　第1次
书　　号：ISBN 978-7-5768-0209-2
定　　价：68.00元

前　言

　　金融体系是经济发展中的重要组成，实体经济高质量发展，离不开金融体系的完美配合。金融的本质要求就是要服务实体经济、满足经济社会发展和人民群众需要。我国金融体系与实体经济之间虽是相辅相成的，但也存在着一定的矛盾。在供给侧结构性改革提出后，金融体系服务实体经济的能力备受重视。一方面，金融体系为推动产业结构优化升级提供了资金，可以改善实体经济的融资效率；另一方面，金融体系作为服务业的重要组成部分，直接为实体经济贡献了一部分产出。鉴于金融体系在实体经济发展中起到的重要作用，为了更好地发挥金融服务实体经济的能力，本书选择金融体系中的金融结构、金融效率和金融规模三个维度，分别研究这三个维度与实体经济发展之间的适配性，然后采用不同的实证方法分析了实体经济发展与金融体系这三个维度之间的动态适配效应，最后探析金融体系与实体经济发展的适配方式。本书在分析中较多地采用省际层面的数据，因此比以往学者的研究考察得更加全面和详尽。本书为博士论文整理而成，主要的研究内容如下：

　　第1章和第2章为导论和文献回顾，首先介绍了本书的研究背景、研究思路，并对实体经济和金融体系进行界定，提出将选取金融体系中的金融结构、金融效率和金融规模三个维度。进一步阐述了以往学者对金融体系及三个维度与实体经济之间关系的研究。但是随着金融市场和实体经济的不断发展，有些研究结论与实际发展相悖，本书对此进行了说明与分析。在对金融体系与实体经济发展相关研究进行凝练梳理后，发现金融体系与实体经济发展的关系是复杂多变的，在不同的经济环境中，金融体系发挥的作用有所差别，因此在我国提出加强金融服务实体经济能力的背景下，本书将对我国金融体系与实体经济发展的适配效应进行研究，并探寻金融体系与实体经济发展适配方式。

第3章为金融体系与实体经济现状及关联性研究。在阐述金融体系与实体经济发展现状的基础上对金融体系与实体经济发展中存在的问题进行分析，采用灰色关联度分析方法对我国金融体系中的金融结构、金融效率、金融规模与实体经济的适配程度进行研究，结果表明选取金融体系中的金融结构、金融效率和金融规模做进一步研究是合理的，在供给侧结构性改革提出后，金融结构对实体经济发展的贡献度最大；金融效率与实体经济发展关联度较高；在样本观测期内金融规模与实体经济的关联度较弱，金融规模的增长与其拉动实体经济的能力不匹配。基于研究发现的问题，后文分别对金融结构、金融效率和金融规模与实体经济发展动态关联效应进行分析，以发挥它们在实体经济发展中的优势，补齐金融体系运行的短板。

第4章为金融体系与实体经济发展适配效应分析：基于金融结构空间溢出效应视角。本书将金融结构分为宏观金融结构和金融行业结构两部分，采用空间杜宾模型对省际金融结构与实体经济发展的溢出效应进行研究，结果表明本地的金融市场结构和证券业结构对实体经济发展有直接的正向作用。通过间接效应分析发现宏观金融结构存在溢出效应，也就是地理位置邻近的区域为金融资源的流动提供了便利性，实现了金融资源的共享和互补，有利于提高实体经济发展水平。但是相邻地区的金融资源也存在竞争性，相邻地区会效仿更完善的金融结构，甚至产生恶意竞争，如果处理不当，将会对实体经济发展产生负面影响。从总效应来看，宏观金融结构对本地区和相邻地区都有显著影响，但金融行业结构的影响不显著，无论是对本地区还是相邻地区的实体经济贡献度都较小。那么在构建金融结构与实体经济发展适配方式时要更多地考虑宏观金融结构的影响，提升金融行业结构的整体水平。

第5章为金融体系与实体经济发展适配效应分析：基于金融效率动态效

应视角。首先分析了我国金融效率与实体经济发展的现状与存在的问题。进一步，分析省际金融效率与实体经济发展水平的关系，比较静态模型与动态模型估计结果的差异，研究表明动态系统GMM（广义矩估计）模型估计系数更显著，保险赔付比率与实体经济发展关联性较强，而金融机构存贷比对实体经济的促进作用相对较小。其原因是保险业发展相对缓慢，保险业效率提高对实体经济的边际效应较大。而我国金融机构存贷款能力较强，充足的资金有利于推动实体经济发展，但当实体经济发展到一定水平时，融通资金的方式就不能局限于通过金融机构贷款。构建多层次的金融市场体系更利于目前实体经济的发展，本章为搭建金融效率与实体经济发展适配方式指明方向。

第6章为金融体系与实体经济发展适配效应分析：基于金融规模门槛效应视角。本章对时间序列数据和面板数据分别进行门槛效应回归，结果发现金融发展对实体经济具有显著的正向促进作用，无论是全国的时间序列数据还是省际面板数据结果都表明金融规模存在双重门槛效应。从全国层面来讲，当金融规模处于两个门槛值之间的区域时，金融发展对实体经济的促进作用是最大的，一旦超过这个区间，金融发展对实体经济仍保持正向促进，但边际效应就会降低。从省际层面来讲，当金融规模低于一定门槛值时，金融发展对实体经济增长是存在抑制作用的；而当金融规模处于两个门槛值之间时，金融发展对实体经济增长是正向促进的；当金融规模超过门槛区域时，金融发展对实体经济的边际效应会降低。分析全国和省际结果的区别，主要是由于我国省与省之间金融发展水平差距较大，金融规模存量也有着显著的差别，欠发达地区融资成本高，金融规模尚未达到门槛值，实体经济发展受阻；而发达地区的金融机构数量多，金融规模存量较大，甚至超过了实体经济的承载量，对实体经济发展的边际效应已超过了最高点。因此在分析金融规模与实体经济发展适配效应时要注意省际金融规模的差异。

第7章为金融体系与实体经济发展适配效应实证分析：基于动态关联效应视角。本章采用PVAR（panel data vector autoregression）模型分析了省际金融体系与实体经济的动态关联效应，结果表明金融结构与实体经济之间的关系较为复杂，宏观金融结构与实体经济的动态关联度较强，但其中的金融产业规模结构与实体经济发展呈负向作用。金融效率与实体经济发展呈正向动态关联关系，当金融效率提高时，实体经济发展水平也会在一定程度上提升。但是金融规模与实体经济发展呈负向冲击效应。在对实体经济冲击金融体系的分析中，发现实体经济与金融体系之间的关系是非对称的。金融体系对实体经济的冲击带来的影响是短暂的、时效性有限，而实体经济对金融体系的冲击带来的影响是持续的、时效较长。

在结论、启示和展望部分，基于以上计量分析结果，本书提出金融体系与实体经济发展之间存在动态适配效应，它们之间的关系应该是动态调整的，要提高金融体系与实体经济发展的结构适配性，发挥宏观金融结构对实体经济的推动作用；协同发展多层次的金融市场体系，将金融资源更多地配置到经济社会发展的重点领域和薄弱环节，优化金融效率对实体经济发展的资源配置功能，提高金融体系与实体经济适配效应；协调金融规模与实体经济发展的适配性，过量的金融规模会对实体经济产生负向冲击；均衡金融体系和实体经济发展的速度，实体经济也应该适当反哺金融发展；优化金融监管体系，为金融体系服务实体经济营造安全的环境。最后指出未来进一步研究的方向。

目　录

第1章　导　论

1.1　研究背景与意义

1.1.1　研究背景

"适配"一词近些年经常在经济领域出现，2019年7月10日，中国银行业协会举办的"供给侧结构性改革推进高质量发展"研讨会上，有学者在报告中指出"银行业应提升金融体系适配性，深化金融供给侧改革，以此推动我国经济的高质量发展"。2019年12月20日，中国银保监会办公厅发布的《关于推动村镇银行坚守定位提升服务乡村振兴战略能力的通知》中提到"有效提升金融服务乡村振兴的适配性和能力"。针对2019年底中国人民银行发布的《中国金融稳定报告（2019）》中提到的监管改革，有业界人士提出应加强"适配性监管"原则的落实。"适配"在经济研究中更多地表达了"主体之间的相互适应及资源之间的合理匹配"的概念。"适配效应"就是指研究主体之间相互适应及合理配置以实现相互促进、相互推动的目的。本书所研究的金融体系与实体经济发展适配效应旨在分析金融体系在转型升级过程中资源配置水平的变化与实体经济发展所需是否相匹配，通过分析金融资源向实体经济合理配置，以提升金融服务实体经济的能力，实现金融与实体经济协调发展。

在我国当前的经济背景下，中国经济正处于重要的战略发展机遇期，如何适应经济新常态、认识新常态下的新趋势、新特征、新动力，都会对宏观政策的选择、行业企业的转型升级产生方向性、决定性的重大影响。经济发展以追求一定经济状态下的更高质量目标为动机，我国经济状态已经发生了根本性的变化，已实现由改革初期的追求高数量到现在的追求高质量的飞跃。2015年11月召开的中央财经领导小组第十一次会议上提出了经济结构性改革；2016年中央财经领导小组第十二次会议制定了供给侧结构性改革方案；2018年政府工作报告中提出的深化供给侧结构性改革等方面的部署都围绕着高质量发展。这表明我国经济将从高速增长阶段转向高质量发展阶段，而供给侧结构性改革将成为高质量发展的根本途径。中共中央政治局于2019年2月22日就完善金融服务、防范金融风险举行了第十三次集体学习，中共中央总书记习近平在主持学习时强调，要深化对国际国内金融形势的认识，正确把握金融本质，深化金融供给侧结构性改革，平衡好稳增长和防风险的关系，精准有效处置重点领域风险，深化金融改革开放，增强金融服务实体经济能力，坚决打好防范化解包括金融风险在内的重大风险攻坚战，推动我国金融业健康发展。2019年8月31日，国务院金融稳定发展委员会召开第七次会议，研究金融支持实体经济、深化金融体制改革等问题，会议中指出当前我国经济形势总体稳定，金融体系运行平稳健康，各类风险总体可控。会议对今后一段时期金融体制改革整体谋划，进一步扩大开放，完善治理结构，提高金融体系的适配性。深化资本市场改革，以科创板为改革突破口，加强资本市场顶层设计，提高上市公司质量，使金融体系真正成为促进经济高质量发展的"助推器"。在2019年12月举行的中央经济工作会议中，分析了当前经济形势，强调我国仍处于转变发展方式、优化经济结构、转换增长动力的攻关期。同时也对2020年的经济工作进行紧密部署，指出在未来的一段时间金融业主要侧重点是服务实体经济。根据中国人民银行公布的数据，2019年我国社会融资规模存量高达25.57万亿元，同比增长10.7%，说明金融对实体经济支持力度加大。

金融体系是经济发展中的重要部门，实体经济高质量发展，离不开金融体系的完美配合。经济是肌体，金融是血脉，两者共生共荣。金融体系为实体经济发展输送养分，将金融资源转化为经济发展所需资源，为经济发展提供动力。在2008年国际金融危机之后，时任美联储主席伯南克提出美国经济的重点必须转向财政改革以及金融体系的结构性改革。而在欧债危机的困扰下，欧盟提出建立更稳定的金融体制的结构性改革方案。我国先后经历了2008年金融危机和2015年股灾，拉动经济的"三驾马车"略显无力，因此提出供给侧结构性改革，建立多层级的金融市场体系，强化金融服务于实体经济的能力。从中国人民银行发布的2019年金融统计数据来看，专家分析认为金融正在大力支持实体经济，信贷结构也在不断优化。金融稳，则经济稳。增强金融服务实体经济的能力，需要金融机构的产品创新，也需要相关制度的完善，需要多方合力才能促进金融与实体经济的良性循环。同时，也需要寻找金融体系与实体经济发展适配方式，以推动金融与实体经济高效配置、健康发展。

1.1.2　研究意义

为实体经济服务是金融的天职，也是防范金融风险的根本举措。稳定金融市场的发展，就要把金融服务实体经济落到实处，确保金融服务实体经济是持续的、有效的。金融体系中的每个部门都应该把为实体经济服务作为金融工作的出发点和落脚点，金融体系要发挥其优化资源配置功能，将金融资源更多地配置到经济社会发展中的重点领域，对资金薄弱环节要给予更多的关注，以求更好地满足实体经济多样化的金融需求，补齐金融发展中的短板。

从宏观金融结构来看，金融结构失衡将导致金融发展存在地域性差异，但现阶段金融资产供给失衡使我国企业融资需求较多地通过间接融资来满足，开放结构的失衡导致外国资本流入国内受限，金融市场优化资源配置功能尚未完全发挥作用。从金融行业结构来看，金融机构在服务实体经济过程中要发挥主力军的作用。目前我国金融体系仍存在"脱实向虚"的问题，出现了资金在金融体系内部流转或者流向房地产市场等问题，实体经济所需资金不能够得到满足，这导致了实体经济融资成本高，企业融资难、融资贵的问题。那么解决金融结构失衡的问题将有助于提升金融服务实体经济的能力。

金融体系发挥着优化资源配置的功能，是供给侧结构性改革的重要推动力量。实体经济是金融的根本，脱离了实体经济的金融效率是没有实际意义的。金融效率要紧紧围绕服务实体经济的主线，但是金融资源在金融体系内部流转、信息不充分都会降低金融效率，因此需要从源头寻找抑制金融效率的因素，从根源上解决金融效率低的问题。除此之外，还应该注重金融资源与实体经济所需资金的协调，采取大数据、云计算、人工智能等科技手段，降低信贷成本，控制融资风险，扩大金融服务的覆盖面，做到金融服务实体经济"不断流"。

另外，随着金融体系资产负债规模的扩张，增长速度超越了经济增长速度，金融资产的边际收益呈现逐步下降的趋势，与负债的边际成本的差值在不断缩小。当金融体系的资产负债变化超越某个临界点时，很容易出现金融资产的边际收益小于负债的边际成本。在这种情况下，如果金融体系发生流动性危机，那么就极易表现出负债兑付困难，甚至发生违约风险，从而导致资产质量下降、金融风险上升。因而有必要研究适当的金融规模，在达到量的要求后，就更要注重质的提升，以防止金融过度导致的金融风险。

当前我国经济局势总体稳定，金融体系平稳运行，但是在经济发展中仍存在一些深层次问题和突出矛盾亟待解决。要解决这些问题，就需要深入挖掘金融体系与实体经济发展之间的关系、问题的根源、未来的发展路径，因此本书根据我国目前经济发展形势，分析金融体系与实体经济发展中存在的问题，以动态视角全面考察金融体系中金融结构、金融效率、金融规模与实体经济发展的适配效应，最终探析金融体系与实体经济发展的适配方式。

1.2　本书的研究思路

提高金融服务实体经济的效率和能力、探析金融与实体经济适配效应，是当前研究的热点话题，本书以金融体系为基础，将选取金融体系的三个主要维度——金融结构、金融效率、金融规模为研究对象，分别从理论和实证两个方面探讨其与实体经济发展的影响关系，并采用省际面板数据进行相应的实证分析。在对金融结构、金融效率和金融规模与实体经济研究的基础上，分析金融体系与实体经济的动态关联效应，最后得出金融体系与实体经济发展的适配效应。按照以上的基本思路，本书将对以下几个问题进行阐述：

（1）金融体系与实体经济发展是相辅相成的，在不断强调提高金融体系服务实体经济能力的情况下，进一步提升金融体系与实体经济的适配性，是金融体系面对的重大问题。如果选取金融体系的结构、效率和规模三个维度来进行分析，那么这三个维度与实体经济是否存在着紧密的关联性；如果从这三个维度出发，如何提升金融服务实体经济的适配性；金融体系中存在着哪些薄弱方面制约着实体经济发展。这些都是本书需要解决的问题。

（2）金融结构是金融发展的基础，是随着经济发展而动态调整的，金融结构也是金融供给侧结构性改革中的核心要素。金融结构所包含的内容可以划分为多个层面，那么在金融结构调整过程中，为了适应实体经济发展需要，金融结构的各要素发挥哪些功能。从省际的角度讲，各地区的金融结构与实体经济发展的关系是否会传导，发挥协调发展的作用。这两个问题直接影响金融结构与实体经济发展适配方式的选择。

（3）金融体系最基本的功能就是资金融通，金融效率体现在高效地将金融资源转化为实体经济发展所需资源。金融市场效率直接影响金融资源对实体经济的优化配置功能，因此有必要分析我国金融效率发展现状及存在的问题。除此之外，为了进一步推动金融体系服务实体经济的能力，更好地提高金融效率，使金融体系与实体经济的适配性增强，需要对金融效率与实体经济发展适配效应进行探究。

（4）金融规模是金融发展最直接的体现，但金融规模的过度扩张会超出金融体系的资金承载量，过多的金融存量资源会加剧金融体系的脆弱性，加大金融系统风险。那么是否存在适配的金融规模，使得金融体系服务实体经济效率最高，既不会使金融资源出现闲置，也不会因为金融资源供给不足导致实体经济所需资金不能满足。如果存在最优金融规模，那么当达到最优值或者最优区间时，金融资源的供给与实体经济的需求是相匹配的，金融体系发挥的资源优化配置功能也能达到较高水平。

基于以上提出的问题，本书的研究思路主要包括以下三个方面：

第一，首先通过梳理以往学者对金融体系与实体经济发展关系的研究成果和理论，分析金融体系与实体经济发展之间的关系。然后从实证分析出发，选取我国金融体系中的金融结构、金融效率和金融规模三个维度的时间序列数据，采用灰色关联度分析方法做进一步的考察，一方面通过全国金融体系与实体经济发展的关联度结果判断选取金融体系这三维度的合理性，另一方面可以从关联度结果分析金融体系对实体经济发展的贡献度和适配程度，为后续提高金融体系与实体经济能力指引方向。

第二，从金融结构、金融效率、金融规模与实体经济发展中存在的短板和未来发展方向出发，寻找这三个维度与实体经济发展的适配效应。在对金融结构与实体经济发展的研究中，将金融结构划分为宏观金融结构和金融行业结构两部分，分别构建二级指标体系，采用空间计量模型对省际金融结构与实体经济发展的溢出效应进行研究，通过直接效应和间接效应分析区域间金融结构的相互影响，从而选择金融结构与实体经济发展的适配方式。在对金融效率与实体经济发展的研究中，分析金融效率与实体经济发展现状及存在的问题，进一步对金融效率与实体经济发展水平之间的关系进行计量分析，比较静态模型与动态模型的估计结果，并分析金融效率与实体经济发展的适配方式。在对金融规模与实体经济发展的研究中，分别采用全国时间序列数据和省际面板数据，以金融规模为门槛，以金融发展为解释变量，实体经济发展为被解释变量，检验金融规模的单一门槛和双重门槛效应。最终得到金融与实体经济发展适配的金融规模，使得金融体系服务实体经济效率最高。

第三，探讨金融体系与实体经济的动态适配效应。要提高金融体系与实体经济的适配性，不仅要有针对性地补齐金融体系中存在的短板，还要从整体上提升金融体系与实体经济的适配性。基于以上对金融体系三个维度与实体经济发展的研究，将选取省际面板数据，采用PVAR模型对金融体系指标和实体经济发展指标进行实证分析，通过方差分解和脉冲响应分析深入研究金融结构、金融效率、金融规模与实体经济的动态关联性，以及金融体系与实体经济发展之间的因果关系。在此部分通过对金融体系整体与实体经济发展的动态关联性考察，得到金融体系与实体经济发展的动态适配性效应。

1.3　本书的研究范畴

1.3.1　实体经济的界定

自2008年全球金融危机之后，"实体经济"这个概念频繁出现在公众视野中，无论是学者、政府机构会议报告文件还是各行业人士都在讨论实体经济相关内容。美联储所谓的实体经济（real economy）就是在经济体中剔除了房地产和金融业的部分，这是由于金融危机是由房地产泡沫引起的，所以美联储认为房地产业也发挥了金融功能。从美国经济数据构成来看，实体经济包括了制造业、进出口以及零售销售等，也就是简单地用二分法将整体经济划分为实体经济和房地产与金融业两部分。金融时报辞典（Financial Times Lexicon）将实体经济定义为：实际生产商品和服务的经济活动。在经济术语（economic glossary）中，实体经济是指与商品、服务和资源相关的经济活动。这部分产生实体经济的经济活动是通过使用各种资源来生产商品和服务以满足人们的生活需求。在国际通行的SNA（国民核算体系）核算系统中，实体经济包括一、二产业，按美国商务部的15个部门大类划分，其中有8个部门属于实体经济。

在国内，成思危（2003）从物质生产的角度定义了实体经济，他参照马克思对资本循环过程的解释，首先用货币资本通过交换购买所需要的生产要素，包括工人、原料、机器、厂房等，然后通过生产将生产要素变成产品，进一步，产品经过流通变成商品，最后商品经过交换变成货币。而这个过程就是实体经济的生产过程，也就是与具体的产品生产有关以及为增加产品价值进行的经济活动。刘骏民（2003）认为实体经济是以成本和技术支撑的价格体系，实体经济领域内的货币收入是通过实物产品及其服务的生产和流通来实现的。因为生产要素的种类及价格变化较小，实物产品的成本较为稳定，因此也决定了实物产品的价格是相对稳定的。吴秀生等（2006）认为实体经济只包括物质生产，一些基本的服务不属于实体经济而属于广义虚拟经济。刘晓欣（2011）根据马克思的"物质生产与非物质生产分类"，将实体经济定义为包括工业、农业、建筑业、运输业和商业以及相关的物质生产活动。中央党校中国特色社会主义理论体系研究中心（2011）指出实体经济是经济运行以及进入市场的要素都是以实物形态为主体的经济活动，实体经济是直接创造物质财富的一种方式。周小川（2011）认为实体经济不仅包括物质经济，而且服务业也是实体经济的一部分。罗能生等（2012）参考国内外学者对实体经济的界定，提出实体经济是对物质产品及精神产品的生产、销售、消费，经济运行是以有形的物质为载体、进入市场的要素以实物形态为主体的经济活动。金碚（2012）指出广义的实体经济包括第一产业、第二产业和第三产业中的直接服务业和工业化服务业。徐康宁等（2017）认为实体经济是能给人民带来实际效应，并满足物质劳务需求的生产部门的经济活动。张林等（2014）、张亦春等（2015）、朱喜安等（2019）都采用生产总值扣除金融业和房地产业产值后的部分来衡量实体经济水平。

综合以上学者的研究，关于实体经济的定义还仍未得以统一，从不同的研究视角、采取不同考察方式对实体经济定义都会产生差异。本书基于提升金融体系服务实体经济能力的视角，结合我国政府所强调的着力发展实体经济，将实体经济定义为生产总值中扣除了金融业和房地产业产值后的部分。省际实体经济将采用省际生产总值减去省际金融业和房地产业产值。实体经济发展水平将通过实体经济的增长率来衡量。本书对实体经济的定义与近期大多数学者研究实体经济时所采用的定义方式基本一致。

1.3.2　金融体系的界定

国外理论界对金融体系的定义一般都是基于广义金融服务业，包括银行业、证券业、保险业和信托业等行业。1997年东南亚金融危机爆发后，金融体系的不稳定性和金融危机都给实体经济造成了较大的负面冲击。国内一些学者由此提出了"金融是虚拟经济"的观点，那么依照这个观点，金融体系也就是与实体经济相对立的虚拟经济。在对金融体系与实体经济发展关系的研究中，李晓西等（2000）、杜厚文等（2003）、刘金全（2004）分别对我国金融体系与实体经济发展关系进行理论研究，这些学者的研究一致认为实体经济是以金融业为载体的虚拟经济存在和发展的基础。实体经济和虚拟经济有很大的关联性，虚拟经济的发展源自实体经济发展的内在需求。但是金融发展与经济增长的关系仅仅是虚拟经济与实体经济关系的一种体现，金融与虚拟经济之间存在交集，但不能完全等同。张晓朴等（2014）认为金融体系并非实体经济的对立面，金融体系作为服务业的一部分直接贡献了实体经济产出，而且还是实体经济资源配置的核心。

金融体系所涵盖的内容较多，很难用一个相对统一的概念进行概括。在一般意义上金融体系是一个经济体中资金流动的基本框架，它集合了资金流动工具、金融中介机构、金融市场等金融要素。在对金融体系进行衡量时，学者们的划分方式或者指标体系的构建是具有差异性的。李青原等（2013）将银行向非国有部门的信贷占GDP比重、家庭居民人民币储蓄存款占GDP比重作为金融体系发展的指标。李强（2015）基于全球价值链攀升的视角，以金融结构、金融效率和金融规模为金融体系衡量指标，研究金融发展与产业结构升级。刘金全等（2016）用金融发展规模、金融效率和资本边际贡献率来衡量金融体系发展。李文艳等（2016）以金融效率和金融存量规模为金融体系的核心解释变量。周力等（2016）将金融发展因素划分为金融规模、金融效率和金融结构三个方面。罗超平等（2016）选取金融经营效率、金融规模、金融产出率和金融结构比例作为金融发展的解释变量。张林等（2017）在研究金融体系服务实体经济效率时，将金融产业规模扩张、金融体系结构以及政府干预视为衡量指标。蔡则祥等（2017）将政府金融集权度、银行集中度、直接融资比重和普惠金融发展水平作为衡量金融体系服务实体经济效率的指标。任碧云等（2019）从金融体系的金融规模、金融结构和金融效率三个维度分析金融业与制造业产业升级的门槛效应。董竹等（2019）从供给侧结构性改革的视角选取金融体系中的金融结构、金融效率和金融规模，来分析金融体系与实体经济发展的关联度。任行伟等（2019）通过金融结构和金融规模两个指标来测度金融发展。

综上所述，早期有部分学者认为金融体系即为虚拟经济，是实体经济的对立面。但是随着研究的深化，金融部门的发展，学者们对金融体系与虚拟经济区别看待。在近期的研究中，学者们对金融体系的定义内涵更加丰富，而非简单地以一个方面、一个指标来衡量，因此本书在对金融体系研究范畴进行界定时，将参考以往学者的架构，从金融结构、金融效率和金融规模三个维度来衡量金融体系，分别研究这三个维度与实体经济发展的适配性，最后深入剖析金融体系整体与实体经济发展适配效应。

本书选取金融体系中金融结构、金融效率和金融规模三个维度进行研究的原因有三点：第一，金融体系是一个有机整体，随着金融业的不断发展、日益变化，其包含的内容是复杂的、多变的，时至今日学者们对金融体系中多个维度的定义尚无定论。在本书的研究中，也无法对金融体系的多个维度做到面面俱到的分析，仅能做到有重点的分析，因此本书将选取在前人研究中金融体系最为重要的三个维度，并在第3章中将对选取这三个维度的重要性以及选取的合理性进行理论和实证分析。第二,在以往学者的研究中,有很多学者选取金融结构、金融效率和金融规模作为金融发展的衡量指标,或者将金融体系划分为金融结构、金融效率和金融规模三部分,这也说明选取这三个维度进行分析是有一定的研究基础的,选取的指标在分析中也是可行的。第三,在本书的分析中,为了避免这三者之间研究内容的重叠,对金融结构、金融效率和金融规模进行了重新界定。本书不同于以往部分学者在研究中不进行定义、仅选取代理变量的方式,重新界定的金融结构、效率和规模将使本书的研究内容更加明确、更具有针对性。

1. 金融结构的界定

在早期对金融发展的研究中,金融结构处于非常重要的地位,Goldsmith(1969)认为金融结构是各种金融工具和金融机构的形式、性质、规模及其作为金融上层建筑和经济基础之间的关系。但是这种定义方式是较为笼统的,随着学者们的研究不断深入和细化,金融结构的定义也越来越明确。McKinnon(1973)将金融结构定义为不同融资方式在企业中占比重不同而形成的融资结构,进而将金融结构分为银行主导型金融结构和市场主导型金融结构,很多学者就银行主导型金融结构与市场主导型金融结构对经济发展的作用大小进行对比研究。但是在近些年的研究中,一些学者更倾向于动态调整的金融结构,例如Demirguc等(2013)、Demir等(2017)、Allen等(2018)都认为在不同的国家和地区,随着经济发展,金融结构会进行动态调整,因此单纯地对比银行主导型和市场主导型金融结构是片面的,将金融结构分为银行主导型金融结构和市场主导型金融结构略显单一,不够全面。

因此,基于以往学者对金融结构的研究,本书将对金融结构进行更加细致的分析。根据我国经济发展状况以及金融市场发展的情况,本书将金融结构划分为宏观金融结构和金融行业结构两个层面。这样划分的原因在于金融结构是金融体系中一个复杂部分,从金融结构发挥的功能可以分为宏观金融结构、中观金融结构和微观金融结构,因此无论是理论上还是实证分析中，都不能简单地以某一个方面作为金融结构的代表。但是由于本书篇幅有限，将从宏观金融结构和微观金融结构两方面对金融结构进行分析。除此之外，本书在分析中进一步将宏观金融结构按照发挥的功能划分为金融产业规模结构、金融市场结构、金融开放结构和融资结构，将金融行业结构按照主要的行业类型分为银行业结构、证券业结构和保险业结构。基于以上的划分方式，在进行金融结构与实体经济发展研究中，分析将更全面、更立体、更具有参考价值。

2. 金融效率的界定

对于金融效率的界定学者们尚存在争议，Robinson等（1974）将金融效率划分为运行效率和配置效率，其中运行效率为融资过程中的成本收益比较，而配置效率是指将资金引导到具有效率的生产领域的有效性。Baker等（2000）认为金融效率的实质就是资本配置的效率，高的金融效率并不意味着较大的金融规模，而是代表着有效资本配置的高效率选择。在近几年的研究中，国外学者重点强调通过金融产业投入和产出计算出的金融技术效率（Turco et al.，2019）。国内研究中则多侧重于金融资源配置效率，陈雨露等（2013）将金融体系的效率分为银行效率和金融市场效率，从金融功能的视角衡量金融体系的运行效率和资金配置效率。国内外学者在研究金融效率时都存在考察角度相对较为单一的问题，其原因是金融效率涵盖内容较广，可以从多个视角进行解读分析。

在本书的分析中，金融效率表示的是金融资源向实体经济转化的水平，将从金融机构资金运用效率、居民储蓄转化为投资的效率、保险业对经济的保障效率角度出发，分析金融资源对实体经济所需资金的保障和资源配置的合理程度。在指标选取方面，从金融体系与实体经济关联较密切的三个方面来衡量金融效率，第一个指标是金融机构存贷比，体现了金融机构资金运用效率，存贷比高说明金融机构通过贷款获得盈利的能力较强，但同时抵抗风险的能力较低。第二个指标是储蓄占比，体现了居民对货币的需求水平，也反映了金融体系的储蓄动员能力，如果储蓄占比较高，则说明居民对货币需求量少，消费活力不足，进而投资效率降低。此外，本书在以往学者对金融效率分析的基础上，考虑了保险赔付效率，选取的第三个指标是保险赔付比率，反映了保险公司理赔的效率，发达国家保险观念较强，保险赔付比率相对较高。有些学者在分析金融效率时会忽略保险业，但是目前保险业也是金融行业中非常重要的一部分，我国保险业日趋完善，发展速度较快，保险业效率能够体现出金融保障能力水平，是分析金融效率时不可缺少的要素。

3. 金融规模的界定

国外一般都将金融规模作为金融发展的一个部门，从金融发展整体上进行分析，单独对金融规模进行研究的文献较少。国内对金融规模的研究在近些年有了很大的进展，研究的重点主要是金融规模与经济发展的关系。随着对我国经济发展研究的逐渐深入，学者们也意识到金融规模对经济发展的双面性，即金融规模扩大能够促进经济发展，但是过度扩张金融规模反而会抑制经济发展，因此也有学者提出了"最优金融规模"的概念（苏基溶 等，2010；张志元 等，2016）。即使国内学者对金融规模的研究愈加深入，但鲜有学者阐释金融规模的含义，而是在实证分析中通过金融规模的代理变量来解释金融规模。朱玉杰等（2014）以金融机构人均贷款余额的对数来衡量金融规模。徐晔等（2016）通过计算货币市场交易总额、股票债券期货市场交易总额、黄金外汇市场日均交易额的权重构建了金融规模指标。李文艳等（2016）采用金融机构人均各项贷款余额表示金融存量规模。

基于以往学者的研究，本书认为金融规模既包含了"量"的概念，也包含了"质"的概念，金融规模"量"的增加，将会带来"质"的改变。然而金融规模的"量"更直观也更容易衡量，"质"却抽象且难以度量，考察的难度较大。本书对金融规模进行分析时将兼顾金融规模的"量"和"质"，在进行计量分析时将侧重于金融存量规模。随着经济发展，金融存量规模也在不断增加，不断累积。但是我国各省份和直辖市经济发展水平差异化程度较高，中部和南部地区经济发展水平高，金融业也较发达，相应地，金融存量规模较大。而对于西部地区而言，经济发展和金融业发展都处于国内中下游水平，金融存量规模相对较低。鉴于我国省际经济发展非均衡的情况，金融存量规模应该与省际经济发展相适应，因此本书在选取金融规模代理变量时参考学者们的衡量方式，考虑了各省及直辖市的金融发展状况，构建省际金融机构人民币存款和贷款的总额取自然对数作为金融存量规模指标。在第6章的分析中，将结合各省及直辖市的金融发展水平，对金融规模与实体经济发展关系进行门槛效应检验。

第2章　文献与研究述评

　　以往学者对金融体系与经济发展的研究已经取得了较多成果，但是关于金融体系中金融结构、金融效率、金融规模与实体经济发展的研究还在持续进行，研究结论仍存在争议。本章将从两个角度进行文献回顾，首先是在2.1中围绕着金融体系整体与实体经济发展相关的研究进行文献综述。其次是在2.2、2.3和2.4中分别对金融结构与实体经济发展、金融效率与实体经济发展、金融规模与实体经济发展的相关研究进行回顾与分析。最后进行文献述评。本章梳理了相关研究的发展历程，指出以往研究中存在的问题和忽略的问题。

2.1　金融体系与实体经济发展相关文献综述

　　金融体系与经济发展之间的关系密不可分，学者对二者研究较为深入，文献较多。由于实体经济与经济发展总体趋势是一致的，所以前人对金融体系与经济发展之间关系的研究也有较大的参考价值。早在20世纪70年代金融发展理论就研究了金融体系与经济增长之间的关系，Goldsmith（1969）提出的金融结构论认为一国的金融水平与经济发达程度是紧密相关的，并且国家的富裕程度与其经济发达程度是成正比的，金融数量的增加和金融结构的变化会引起金融发展，从而推动经济发展。Goldsmith提出的金融结构论在发达国家得到了广泛认可，与发达国家的经济状况较匹配，金融结构论也奠定了金融发展与经济增长实证分析的理论基础。但是在发展中国家二元经济结构通常是非均衡的，Mckinnon（1973）和 Shaw（1973）针对发展中国家的特征，即与发达国家相比，发展中国家的金融发展水平低，在当时一般都处于萌芽阶段；金融效率低，缺乏对金融发展的研究和合理的规章秩序；政府过度干预，压制金融市场自由发展。基于发展中国家金融市场的种种特征，他们分别提出了金融抑制论和金融深化论。金融抑制论鼓励金融自由化推广，这极大地促进了发展中国家的金融效率，从而提高储蓄转化为投资的效率，推动发展中国家经济增长。Saint-Paul（1992）以及Devereux等（1994）的研究表明，金融体系具有分散风险的功能。金融体系能够使资金由投资于低风险低效益的部门，转向投资于高收益的部门，从而促进生产效率的提高。因而个人收入也会随生产效率的提高而提高，消费水平会随之提升，进而影响经济增长。King等（1993）构建了包含经济发展程度和金融发展程度的指标体系，他们通过对1960—1989年这段时期的金融发展进行研究，经过对比80个国家的金融发展情况，最终发现金融市场中介功能的发展和金融规模的扩大都有利于促进经济资本的形成，从而提高经济增长效率。Merton（1995）认为金融体系实现了以下六种功能：第一，金融体系提供了支付和清算体系；第二，金融体系能够发挥融资机制，聚集和分散金融资源；第三，金融体系能够实现跨区域及时间转移资源；第四，金融体系能够提供管理不确定性和控制风险的方法；第五，金融体系能够提供必要的信息，是重要的信息渠道；第六，提供处理信息不对称的方法。这些功能在不同的经济体中的执行方式也有所差异。Rousseau等（1999）通过研究美国金融体系的发展历程，认为在现代美国经济增长的过程中，虽然实体经济部门显现出了较为重要的作用，但金融体系才是经济增长的真正根源所在。Arestis（2001）在对发达国家的股票市场和经济增长进行实证研究时运用控制变量法，忽略无关因素，保持股票市场易变性，最终通过实证分析得出股票市场有利于经济增长的结论。Beck等（2004）利用1976—1998年的空间面板数据研究了股票市场和银行业对经济增长的影响，研究发现股票市场和银行业对经济增长都有积极的影响。Anizoulatos等（2011）认为金融体系能够有效地通过提高技术水平影响产业结构，从而推动经济高质量发展。Badunenko（2013）在研究金融发展时扩大了确定性、非参数生产前沿框架，结果表明不考虑金融发展的经济增长，会夸大物质资本积累在劳动生产率增长中的作用，金融机构的高效率运行有助于劳动率的增长。

就国内的情况来看，谈儒勇（1999）分析得出金融中介体系的发达程度与经济增长是呈显著正相关的。韩廷春（2001）认为金融深化必须要与经济发展相匹配。很多学者在研究金融发展与经济增长关系后认为二者之间相互促进，协调发展（王志清 等，2003；范学俊，2006；陆静，2012；苏建军 等，2014）。陈国伟等（2008）认为金融结构论能够很好地解释经济增长。李苗苗等（2015）认为通过金融发展来促进技术创新，能够达到推动经济增长的目的。易信等（2015）的研究表明金融体系不仅能够促进经济增长，而且能够引导经济增长从量变到质变的转换。陈雨露等（2016）从金融周期的角度进行研究，认为在金融稳定期，金融体系对经济增长的促进作用是最有效的。但赵振全等（2007）的研究表明金融发展与经济增长之间呈现出非协调性，在总量上金融发展和经济增长的关联性不大，这一观点也得到部分学者的支持（马轶群 等，2012；刘金全 等，2016；王军 等，2018）。不同时期的金融发展与经济增长之间的关系并不明确，学者们的观点也存在争议。

但是对金融体系与实体经济发展的研究目前还没有取得较多成果，其中原因也包括对实体经济概念的界定没有达成一致。最初，凯恩斯（1937）在《就业、利息和货币通论》中将实体经济定义为以货物和服务为形式的存在。近年来"实体经济"这个词被提及的次数越来越多，美联储对实体经济的界定就是在经济体中剔除了房地产和金融业的部分，这是由于2007年金融危机由房地产泡沫所引起，所以美联储认为房地产也发挥金融功能。Crochane（2005）对金融市场与实体经济关系进行了实证研究，分析显示金融市场回报率与实体经济的发展之间具有较强的相关关系。Jacobson等（2005）的研究也表明了金融市场发展与实体经济之间具有交互作用。Baur（2010）研究了金融危机从金融业向实体经济的蔓延，经过对各行业金融传染的不同渠道分析和测试后发现，没有一个国家或者实体经济部门能够免受危机的不利影响。Bergevin等（2011）在对金融危机发生后金融部门与实体经济的关系研究后认为这二者之间的联系是非常复杂的，研究者所采用的模型不同，会得出截然相反的结论。政策制定者在研究时要用一系列相互补充的模型来弥补单个模型的不足。Pisani等（2015）分析货币和经济活动之间的关系，解释了金融体系通过货币政策传导来影响实体经济发展。分析认为利用储蓄可以更好发挥金融服务实体经济的能力。Sarafrazi等（2015）研究了美国实体经济变量与金融变量之间的关系，制度依赖脉冲响应函数（RDIRF）显示在经济危机时期金融部门具有尤为突出的重要性。Kenourgios等（2015）对六个发达地区和新兴地区金融危机的传染效应进行研究，测试了不同地区实体经济部门的金融传染渠道，研究表明金融危机可以通过地区的股票市场、金融部门以及非金融部门产生传染效应。其中发达地区的消费品业、医疗保健行业等受危机影响较小，而新兴市场中的脆弱行业受金融危机影响较严重。Laopodis等（2016）对14个新兴经济体的股票市场和实体经济发展进行研究，结果显示股票市场与当前及未来的实体经济发展都呈正相关关系，股票市场为实体经济发展做出了贡献，能够促进经济发展。Ankargren 等（2017）对瑞典1989—2015年的数据进行估计，结果表明金融变量占瑞典实体经济增长预测误差的10%～25%。在对2008年和2009年经济衰退的预测中引入金融变量后，最终预测精度要高于不包含金融变量的模型。

国内对金融体系与实体经济发展关系的研究中，李晓西等（2000）、杜厚文等（2003）、刘金全（2004）分别对我国金融体系与实体经济发展关系进行了理论研究和实证分析，这些学者一致认为实体经济是以金融业为载体的虚拟经济存在和发展的基础。孙伍琴（2004）认为过度控制金融发展会抑制实体经济的增长。在此阶段的研究中，学者们的普遍观点认为虚拟经济是以金融体系为依托的有关的经济活动，是实体经济的对立面，因此在研究中并未将虚拟经济和金融体系完全区分开。曹源芳（2008）选取股票市场数据作为虚拟经济的代理变量，研究结论表明在1998—2008年这段时期中国的实体经济与虚拟经济是彼此背离的。这个观点也得到了一部分学者的支持（李强 等，2013；钱龙，2013；刘洋，2015）。张晓朴等（2014）认为金融体系并非实体经济的对立面，它是作为服务业的一部分直接贡献了实体经济产出，并且金融体系也是实体经济配置资源的核心部分。陆远权等（2014）运用VAR模型验证了我国金融业与实体经济之间的非协同发展关系，周建亮等（2015）的研究也得到相同结论。张亦春等（2015）证实了中国各地区金融发展与实体经济增长之间存在着非均衡性，金融市场不能有效发挥资源配置功能，抑制了实体经济增长。李勇等（2010）、杨龙等（2011）、田卫民（2017）的研究也印证了这个观点。刘晓玲等（2016）认为金融体系促进实体经济发展的长效机制还没有完全形成，并且政府对经济的干预也较为明显。朱喜安等（2019）对我国省际实体经济发展的影响因素进行实证分析，结果表明金融发展对实体经济增长有明显的促进作用，但金融发展对实体经济的促进作用具有地区差异，并且金融发展是导致区域实体经济差异的重要原因之一。

另外，也有学者提出在供给侧结构性改革过程中，要以金融创新和金融多样化支持实体经济转型升级（贾康，2017），但是金融供给侧结构性改革对中国产业升级的作用还有待加强（杨可方 等，2018），罗超平等（2016）认为金融供给侧结构性改革应该提高储蓄转化为投资资本的效率，从而提高资本配置和使用效率。谢婷婷等（2017）分析认为金融发展水平的提高对产业结构升级的提升作用很大，因此要推动金融供给侧结构性改革，加快发展科技金融。王宇伟等（2018）认为加大金融供给侧结构性改革的力度能够提高金融资源配置能力，改善企业的经营能力，提高实体经济盈利能力。这些学者的研究肯定了我国供给侧结构性改革时期金融体系的重要意义，但是尚存在局限性，他们的研究较多地停留在理论分析层面，并未对如何提升金融体系服务实体经济能力做出相应的建议，未提出如何提高金融体系服务实体经济发展的效率。

2.2 金融结构与实体经济发展相关文献综述

在早期金融发展研究中金融结构处于非常重要的地位，Goldsmith（1969）认为金融结构是各种金融工具和金融机构的形式、性质、规模及其作为金融上层建筑和经济基础之间的关系，他试图追溯一个国家的金融体系在经济发展过程中的演变，并检验了金融体系的整体发展是否影响经济增长率，最重要的是评价了金融结构对经济发展速度的影响，构建了金融相关率、金融结构相对规模和金融结构的机构化集中程度作为金融结构的衡量指标。Goldsmith在很大程度上成功地记录了金融体系的演变，特别是金融中介机构的演变。在对金融发展水平与经济增长之间关系的研究上，他通过检验得出结论——金融和经济发展之间是存在正相关关系的。但是，在Goldsmith所处时期，囿于数据的限制，无法得到大量的其他国家的数据，仅依靠对德国和英国的研究得出此结论。除此之外，Goldsmith还提出金融发展就是金融结构的变化，得到了发达国家的广泛认可。

但早期对金融结构的研究局限于对银行主导型金融结构和市场主导型金融结构的比较，McKinnon（1973）将金融结构定义为不同融资方式在企业中占比重不同而形成的融资结构。Diamod（1984）认为银行主导型金融结构更具有优势，因为在银行主导型金融结构中银行与企业沟通较为密切，双方可以通过借款建立长期联系，并且银行能够直接获得企业投资信息，有效克服了信息不对称问题，降低了监督成本。Rajan等（1998）认为在合同执行能力较弱的国家，银行拥有更高的还款效率，能够保证资金的流动性，降低违约风险。Baum等（2011）通过估计企业现金流的敏感性来检验金融结构以及金融发展水平对公司财务约束的影响。他们假设无论从金融结构，还是从金融发展水平的角度考虑，国家的金融体系都会影响受融资约束的企业现金流敏感性，但是对不受融资约束的企业而言影响甚微。通过对国际上30 000家企业1989—2006年的数据进行实证研究发现，即使控制了金融发展水平，金融结构对企业现金流敏感性的影响仍非常显著。在一般情况下，银行主导的金融结构为受融资约束的企业提供的融资途径更容易获得资金支持，在放松企业融资约束方面也更成功。也可能是基于这种原因，企业在面临财务压力时会更大程度地通过银行获得资金。Ujunwa等（2012）对尼日利亚的数据进行研究，称银行主导型金融结构有利于经济长期增长。Gole等（2013）研究了金融结构与经济发展之间的关系，结果表明以银行为主导的金融结构能够提供更具有保护性的金融缓冲，经济表现也更优，特别是在金融危机期间，市场主导型金融结构会遭受更大的经济损失。这一观点与Allen等（1994）、Sirri等（1998）和Stultz（2000a）的结论相一致。

也有学者研究认为市场主导型金融结构更具优势，Boot等（2000）对比了银行主导型金融结构，认为市场主导型金融结构更有优势，因为在银行主导型金融结构中，金融中介机构对企业发展是有负面效应的，金融市场能够提供更全面的风险管理工具和分散风险的产品，并且金融市场的信息披露机制能够获得更多关于企业的信息，降低信息不对称的影响。世界银行也认为在发展中国家应该扩大证券发行规模，建立发达的金融市场。Zakaria（2007）发现市场主导的金融结构能够促进高收入国家的经济增长，但是对中低收入国家的经济增长促进作用并不显著。Ahmed等（2011）认为市场主导型金融结构能够通过提高生产效率促进产出增长。Yeh等（2013）对40个国家1960—2009年数据进行研究，再度审视基于银行主导和市场主导的金融结构，并分析它们在促进经济增长方面的优势，结果发现金融结构与经济增长及其波动性具有显著的一致性，从本质上讲金融结构市场化程度高的国家经济增长率会更大，但是同时也会以更多的经济波动为代价。Beck等（2009）、Davis（2012）等都坚持市场主导的金融结构更好的观点。

一些学者的研究对银行主导论或者市场主导论金融结构提出质疑，认为金融结构是动态变化的，在不同的情况下，金融结构的优劣不能一概而论，它与实体经济发展是相适应的。Kunt等（1999）认为金融结构是金融中介机构与金融市场的相对情况，并建立规模、行为和效率指标验证了150个国家的金融结构和经济发展关系。他们根据结构指数将金融结构划分为银行主导型和市场主导型。并根据各国金融结构和经济发展水平创建了四个分类：银行主导的欠发达国家、市场主导的欠发达国家、银行主导的发达国家和市场主导的发达国家。通过研究发现在富裕的国家，无论是银行规模还是股票市场规模都更大、更活跃、更高效，一般情况下发达国家的金融体系也更加完善。在高收入国家，股票市场会比银行体系更活跃和高效。随着金融体系包含的产品和服务日趋丰富，市场化趋势也愈加明显。Stulz（2000b）将金融结构定义为由金融机构、金融技术和金融活动的交易规则共同构成的系统。他研究了金融结构如何通过企业筹资和资金配置来影响一国的经济增长，分析认为金融结构能够限制隐性信息造成的负面影响，以及隐性行为对企业外部融资成本的影响。由于金融结构的不完善，企业外部融资成本较高，导致企业很难获得有效投资。因此，需要通过金融中介机构和投资者增强对企业有价值的信息的传播，并且控制财务风险。Beck等（2000a）利用Beck等（2000b）构建的大型国际数据集，探讨了以金融体系市场化程度或银行化程度衡量的金融结构与经济发展之间的关系。并且利用不同的数据集和计量经济学方法来分析金融结构与经济发展之间的关系。他们对33个国家进行了公司层面的分析，用以研究公司的成长速度是否可能超过以市场为主导的金融系统预测的内部资源增长率以及以银行为主导的金融体系预测的短期借款增长率；他们还对34个国家进行了行业层面的研究，用以分析在市场或银行为主导的金融系统中，严重依赖外部融资的行业增长速度是否更快，以及金融结构是否影响新公司的创建速度；除此之外，他们对48个国家进行了国家层面的调查，用来分析以市场或银行为基础的金融系统经济增长是否更快。通过从公司、行业和国家三个层面对比金融结构与经济发展的关系，表明无论是公司、行业还是国家，金融越发达，经济发展越快。Levine（2002）分别研究了以银行为主导的金融结构和以市场为主导的金融结构，基于银行为主导的金融结构认为，在调动储蓄、分配资本和实施公司控制方面，银行主导的金融结构做得更好，特别是在经济发展初期和制度薄弱的情况下。相反，基于市场为主导的金融结构观点强调，市场能够提供重要的金融服务，刺激创新和经济长期增长。但是，从金融服务业的观点来讲，银行和市场在研究公司、实施公司控制、创建风险管理设备和动员社会储蓄这些方面是更加有效的。这一观点最大限度地减少了基于银行和基于市场的争论，并强调了整个金融系统所提供的金融服务的质量。实证检验没有为基于银行或基于市场的观点提供证据。通过金融结构来划分国家并不能解释长期经济发展中表现出的跨国差异，但跨国数据更支持金融服务的观点。在以银行发展和市场发展的总体衡量中，金融发展程度较高国家的经济增长率提高较为显著。Luintel等（2008）对14个中等收入国家采用时间序列和动态异质面板方法分析了金融结构与经济发展的关系，结果发现金融发展、金融结构与经济增长之间存在显著的跨国异质性。对于大多数样本国家而言，金融结构和金融发展在解释产出水平时尤为重要。Lee（2012）对银行主导的金融结构和市场主导的金融结构进行重新审视，结果发现在美国、英国和日本，股票市场在经济增长和融资方面发挥了更重要的作用，而对于德国、法国和韩国而言，银行业的作用更加显著。但是对于样本中的大多数国家来说，在经济增长初期银行业发挥的作用更大，在经济增长过程中银行业和股票市场的作用是相辅相成的。Demirguc等（2013）认为随着经济发展证券市场对经济活动越来越重要，而银行服务变得不那么重要，金融结构是动态变化的。Demir等（2017）考察了美国、德国、法国和土耳其1989—2012年金融结构与经济发展的关系，通过非线性自回归检验提出了金融结构与经济发展的动态关系，另外经济发展存在单一门槛效应，也就是当经济发展达到门槛值时，银行和市场的相对重要性将发生变化。Liu等（2018）基于扩展的新古典增长模型探讨了金融结构与经济增长的内在机制，研究认为与实体经济发展相适应的金融结构是动态的。通过对中国东部、西部及中部29个省1996—2013年的面板数据进行实证研究，表明金融结构与区域经济增长之间的关系是呈倒U形的。Allen等（2018）探究了实体经济对金融结构的影响，利用108个国家的数据进行实证研究，认为实体经济与金融结构之间的关系十分显著，资产密集型国家更可能采用以银行为主导的金融结构，而以无形资产为基础的国家更可能出现的是以市场为主导的金融结构。并且通过对印度、芬兰、瑞典和韩国经济结构冲击的研究发现，国家经济结构的变化会对金融结构产生影响，尤其是服务业相对于工业部门影响更显著。随着经济结构的变化，金融结构也会发生变化，相对于银行业而言，股票市场越来越重要。通过事件分析法进行研究，表明实体经济结构的发展能够用来预测金融结构的发展方向，它们之间存在因果关系。

但是也有一些学者认为金融结构对经济增长没有显著影响，Charkraborty等（2006）从内生增长理论的角度分析了银行主导型的金融结构和市场主导型的金融结构在经济增长和发展中的作用，并认为这两种金融结构各自具有优势，持有一种结构总是优于另一种结构观点的学者是有局限性的。根据多个国家的数据，以银行为主导的金融结构能够提高经济增长率，缩小传统部门的规模，而以市场为主导的金融结构不会影响传统部门。

还有一些学者从法律渊源和投资者保护方面来解释金融结构，Levine（1997）指出法律制度源自有效数量的法律传统，包括英国普通法律和法国、德国和斯堪的纳维亚的罗马法系民法。通过在金融发展和经济增长的研究中运用债券计量方法，论证了银行主导的金融结构的产生。Modigliani等（2000）认为法律机构决定了一个国家的金融发展程度以及金融结构，并且基于市场主导的金融结构发展会更好。Ergungor（2004）试图通过研究各国的法律渊源来解释金融结构的差异，研究结果表明与普通法国家相比，具有民法金融体系的国家更可能选择以银行为主导的金融结构。除此之外，也有实证结果表明投资者保护法律能够支持金融发展。La Porta等（1997）的研究认为在投资者保护法律较不完善的国家资本市场也是较不发达的。Djankov等（2007）通过对私人信贷跨国决定因素的调查发现，股东保护相关法律的健全性与股票市场发展是正相关的。Asli等（2013）发现对股东权利保护的法律较完善的国家往往金融体系市场化程度也更高。另外还有一部分学者认为政治经济驱动着金融结构的形态。Rajian等（2003）

的研究表明金融结构会随着时间的推移而发生演变，也会受政治当局的影响和阻碍，虽然是不稳定的，但会向最优金融结构演变。Song等（2012）提出了金融体系会受到政治干预影响的相关理论，例如扩大信贷可能性对金融体系的影响，他们研究得出在金融发展的初期，市场规模相对较小，政治家会通过控制一些银行和提供资本补贴达到干预金融体系发展的目的；而在金融体系较为发达的高级阶段，政治干预会以直接贷款监管的形式进行干预。Cull等（2013）认为金融发展是由政治经济推动的，金融发展方向能够反映出精英阶层的利益，而不是为广大民众提供广泛的金融服务渠道。

国内学者对金融结构的界定和衡量标准并不一致，李茂生（1987）最早对我国金融结构从货币结构、结算结构、利率结构等方面进行分析。王兆星（1991）从宏观、中观和微观三个层面研究金融结构优化的原则和目标模式。董晓时（1999）从主客体角度分析，将金融结构划分为主体结构、客体结构和联系结构。王维安（2000）按照西方金融发展理论提出了衡量一国金融结构的六大指标，包括金融相关比率、内源融资与外源融资之间的结构比例、直接融资与间接融资之间的结构比率、金融资产内部结构比例、金融机构的资产结构比例和国内融资与国际融资之间的比例。李健等（2005）从要素、功能和效率角度建立了五个方面三个层次的金融结构评价体系。刘红忠等（2006）构建了结构-规模指标、结构-行为指标和结构-效率指标研究金融结构与经济增长的动态关系。王广谦等（2008）将狭义的金融结构定义为直接融资同间接融资的比例。

我国在"十五"计划中就将经济结构调整作为发展战略的主线，转换和提升金融结构也是经济结构转型升级的必要条件，实体经济结构与金融结构相匹配且金融深化程度相应提高时，经济才能实现最优增长（杨琳 等，2002）。马长有（2005）通过实证检验得出金融结构与经济增长呈双向因果关系，金融结构与经济结构不匹配会破坏实体经济增长，并指出我国金融资产结构分布不均衡，要发挥市场机制的作用提高金融资源配置效率。赵振全等（2006）在研究中采用"两分法"的思路将金融结构按照金融中介和金融市场发挥作用的大小划分为"银行主导型"和"市场主导型"，认为我国属于银行主导型金融结构。王春凤（2017）认为我国目前处于银行主导型金融结构，从我国金融市场现状分析了存在的问题并提出几点建议，对于证券市场要建立健全证券市场法律体系、优化投资者结构、建立多层次的市场体系，对于银行业要展开投资业务、加强股份制改革、将金融体系改革与养老体系改革相结合。林毅夫等（2006）认为以往的学者在分析金融结构与经济发展关系时仅从金融体系的角度来讨论，而忽视了对经济体本身的考虑。在对我国省级面板数据进行计量分析后发现银行业越分散的地区，经济增长水平越高，银行集中度低能够促进经济增长。在后续研究中，林毅夫等（2009）对金融结构的定义包含的范围更广，认为它是金融体系内部各种不同的金融制度安排的比例和相对构成。通过对现有文献的分析和对相关理论的研究认为处于不同阶段的经济体都有其对应的最优金融结构，金融结构应该随着经济的要素禀赋结构和产业技术结构而动态调整。林毅夫等（2012）的研究有了进一步的深入，在国家处于不同阶段时，银行和股票市场扮演的角色也会有所差异，它们与每个阶段关联的最优金融结构是直接相关的。并且由于政治因素的影响，国家的金融结构有可能会偏离其最佳状态。龚强等（2014）的研究也支持这一结论。应展宇（2010）认为中美两国的金融市场结构分别处于银行主导和市场主导的两端，他分析了这两种金融结构的差异，基于产业结构升级视角和基于演进视角再度考察，结果表明经济转型的前提是需要对我国金融结构进行大幅度调整，改善我国现行金融结构，充分发挥现代金融与经济的适应性和先导性功能，以市场为核心的金融模式是中国金融市场未来转型的一种目标模式。李健等（2012）基于金融功能观的视角，借助技术演进模型，通过考察不同金融结构在不同经济发展阶段的效果，分析表明在区域市场一体化进程中，银行主导的金融结构和市场主导的金融结构相互渗透以及合作能够对区域经济发展产生促进作用。姚耀军等（2013）基于最优金融结构理论，采用主成分分析方法对我国省级2005—2011年的数据进行分析，并构建了银行中介与金融市场比例指标和银行业规模结构指标作为两个金融结构指标，通过固定效应估计发现优化金融结构对于促进技术进步及转变经济发展方式至关重要。张成思等（2015）构建了金融结构与经济增长的分析框架，他们借助新古典经济增长模型研究最优金融结构与经济增长的内在机制，并分析了最优金融结构的动态特征。研究表明存在与实体经济相匹配的动态最优金融结构，在以股票交易总额与金融机构贷款总额占比来衡量的金融结构中，它的边际效应为正，且呈现出阶梯式倒U形动态演化趋势。张杰等（2015）认为金融抑制导致我国实体经济所需要的资本长期化和实际得到的资本短期化之间存在错配和扭曲，这对我国经济可持续发展造成负面影响。周莉萍（2017）探讨了复杂金融体系结构及影响，认为我国金融结构的演变将主要以以下几方面为主：第一是通过商业银行与影子银行交互式发展来改变信用中介内部结构；第二方面是市场型的金融中介类别和规模都有所增加；第三是从金融监管制度方面着手改变金融结构。杨俊等（2015）采用我国2001—2012年省级面板数据进行分析，将经济增长划分为经济增长的结构、稳定性、福利以及可持续性四方面，构建了经济增长质量指标体系，根据"狭义"的金融结构的分类方式，分析了我国金融结构与经济增长质量的关系。他们的研究结果表明直接融资更能够促进经济增长质量的提升，而间接融资在一定程度上对经济增长质量的提升存在阻碍作用，并且我国的金融结构与传统的银行主导型国家相比还有很大的改善空间。陈乐一等（2016）用直接融资占总融资的比重来衡量金融结构，基于我国31个省的数据采用固定效应模型研究了金融结构变动对经济波动的影响，结果表明金融结构优化对经济波动具有明显的抑制作用，并且这种抑制效应是具有滞后性的，除此之外，沿海地区金融结构变动对经济波动的抑制作用是高于内陆地区的。杨可方等（2018）按照传统的方式将金融体系分为以银行体系为主的间接金融市场和以资本市场为主的直接金融市场，通过实证分析发现金融结构与产业升级之间存在断点，在2003年之后，部分金融结构指标对产业升级的影响发生反方向变动。张羽等（2018）基于前人对最优金融结构理论的研究，解释了在产业结构升级过程中金融结构与经济增长的关系，选取我国1999—

2011年30个地区的数据作为样本进行双重差分和门限回归，结果显示随着技术密集型产业在产业结构中比例的提高，金融结构对经济增长呈正向且增强的态势，并且提升金融体系中直接融资所占的比例将有利于中国产业结构优化升级和创新驱动型经济增长。李国平等（2018）构建新古典增长模型来探究我国最优金融结构的演化路径，分析认为我国金融结构缺口与经济增长和全要素生产率都呈现出负相关的关系，而且我国存在最优金融结构，并且最优金融结构会向市场主导的方向演化。张志强（2019）通过对我国31个省份的数据进行实证分析，表明在我国经济发展过程中存在最优金融结构，且金融结构与经济发展之间存在倒U形关系，尤其是经济平稳运行时期这种关系更加显著，而在经济波动的过程中最优金融结构并未出现。因此提出金融结构应作为金融政策用以保障经济平稳运行。

在供给侧结构性改革提出后，杨涛（2016）认为金融结构存在明显的失衡，主要体现在资金筹集和运用的期限上有错配风险、流动性风险较大、融资结构扭曲等，制约了供给侧的优化和提升，应该以扩大直接融资来推动去杠杆。魏鹏（2016）根据目前经济主体债务数据的统计分析得出了非金融部门和政府部门债务杠杆问题显著的结论，因此要通过供给侧结构性改革实现去杠杆，经过对比美国去杠杆的主要方式，提出四个化解杠杆率过高的措施，其中就包括建立多层次的金融市场体系，降低企业杠杆率。权飞过等（2017）对供给侧结构性改革目前面临的经济环境进行阐述，并从理论层面分析了金融创新与技术创新对供给侧结构性改革的推动作用，提出应完善金融市场建设，发挥直接融资和间接融资的优势。也有很多学者将金融结构理解为直接融资和间接融资的关系，那么在完善金融市场的建设的道路上，健全金融结构也发挥着举足轻重的作用。王国刚（2018）通过对我国经济体系现状的分析，认为深化金融体制机制改革，将社会资金引入实体经济领域是缓解资金"脱实向虚"的重要举措，这其中就包括完善金融结构，构建多层次的股票市场体系。任碧云等（2019）研究认为我国当前的金融体系并未支持产业升级，其主要原因在于金融资源与实体经济存在错配，应优化金融结构让金融回归本源。

2.3　金融效率与实体经济发展相关文献综述

在西方金融理论中，金融体系和经济增长之间有着成熟的协调机制，在早期的研究中，金融效率与金融发展是一致的，认为金融效率即金融发展。对金融效率的研究最早可以追溯到Fama（1965）提出的有效市场假说，他指出当市场有效时，市场的资产价格会围绕资产的内在价值波动，这是对市场效率的表现形式也是对市场效率的间接度量方式。对于金融效率的界定学者们尚存在争议，学者们在研究时对金融效率有着不同的划分方式。例如在早期的研究中，Robinson等（1974）将金融效率划分为运行效率和配置效率。其中运行效率是指在融资过程中对成本收益的比较，而配置效率是指将资金引导到具有效率的生产领域的有效性。Bain（1981）将金融效率划分为微观金融效率和宏观金融效率。其中微观金融效率是金融中介的金融资源运用效率；而宏观金融效率是在一定的金融制度条件下，金融体系内金融资源的配置效率。Hellmann等（1997）将金融效率分为配置效率和动态效率，认为随着市场的变化，短期内可以实现垄断，通过牺牲金融体系的短期配置效率获得动态效率。但是在长期垄断被打破后，再产生动态效率。Baker等（2000）认为金融效率的实质就是资本配置的效率，他们提出高的金融效率并不意味着数量较大的金融规模，而是代表着有效资本配置的高效率选择，他们的观点得到了很多学者的引用。

在对金融效率的定义和划分方面，学者们见解不一。我国学者对金融效率的研究较为深入，王广谦（1997）将金融效率解释为金融运作能力的大小，他将金融效率划分为金融机构效率、金融市场效率、金融宏观效率和中央对货币的调控效率，并提出以提高金融效率为中心推进中国金融改革与发展的政策主张。叶望春（1999）认为金融效率不是简单的资源配置效率，他将金融效率进行分解，包括金融市场效率、商业银行效率、非银行金融机构效率等多个方面。在杨德勇（1999）的研究中，他将金融效率划分为宏观金融效率、微观金融效率和金融市场效率三个方面。康蕾（2000）在研究中分析了我国宏观金融效率与经济增长之间的关系，通过实证分析得出我国宏观金融效率低的主要原因，也就是储蓄向投资转化的渠道不畅通。基于此提出了应建立良好的金融市场秩序，提高储蓄向投资转化的效率。王振山（2000）将金融作为一种资源，而不是实体经济的对立面，金融效率就是对金融资源的优化配置。白钦先（2001）对金融可持续发展进行深入研究，并对金融效率在金融可持续发展中的重要意义予以重视，将金融效率定义为金融资源在经济系统与金融系统及金融系统内部子系统之间配置的协调度。在对金融可持续发展研究后提出金融效率应该是金融量化发展和质化发展、静态效率和动态效率、宏观效率和微观效率的统一。周升业（2002）也认为不能从单一的角度考察金融效率，他认为金融效率应该划分为金融功能效率、金融配置效率和金融管理效率几个方面。汪永奇等（2002）认为金融体系可以分为金融的宏观效率和金融的微观效率。宏观效率就是金融对整个经济的作用能力，微观效率就是金融结构的运行效率。刘长青等（2003）从金融资源效率、体制和投入产出三个视角来分析金融效率的概念，并将金融效率划分为绝对效率和相对效率，提出有效金融效率的概念，他们认为在我国金融改革中应以有效金融效率为目标。李木祥等（2004）认为金融效率就是资金融通的效率。郑旭（2005）认为金融效率是金融资源的配置达到帕累托最优状态。沈军（2006）在对金融效率的研究中，将宏观金融效率分为三个层面，即微观金融效率、金融渗透率和金融适应效率，并提出了宏观金融适应效率评价指标。辛念军（2006）将王广谦对金融效率的研究进行延伸，他认为金融是一种资源，金融效率是整体金融体系与其组成部分共同作用的结果。周国富等（2007）在研究中将金融效率定义为金融资源的配置状态，在构建金融效率评价指标时将金融效率划分为微观金融效率和宏观金融效率两部分，其中微观金融效率是金融业自身的投入与产出效率，宏观金融效率是金融体系通过资源优化配置对宏观经济运行产生影响的效率。陈雨露等（2013）在对金融体系稳定性的研究中从金融功能的视角衡量金融体系的运行效率和资金配置效率，他们认为金融体系的效率可以分为银行效率和金融市场效率。周现国（2019）对金融效率测度指标进行深度研究，在前人的基础上提出了测度金融效率的15个指标，涵盖范围较广，考察也较全面。

在对金融效率与经济发展的研究中，杨龙等（2011）认为我国金融效率与经济发展之间存在倒U形关系，中国东、西、中部地区的金融效率呈递减趋势。云鹤等（2012）在分析时将金融效率分为资金分置效率、资金转化效率和资金配置效率三个方面，认为金融效率是金融部门在金融活动中直接或者间接地作用于经济时所显示的有效功能。通过构建经济增长模型得出结论，认为金融部门资金分配效率低是导致国民经济体系中存在着严重的消费不足的主要原因。李政为（2013）通过因子分析法研究金融效率与经济发展的关系，结果发现过高的储蓄率引起居民消费需求下降，不利于经济增长。金融机构资金报酬率直接体现了金融结构资金运用效率和盈利水平，微观金融效率的提高体现在两方面，一方面是自身生产效率的提升，另一方面是金融机构投向实体经济所产生的经济效益提高。谢家智等（2013）基于我国省域样本数据测算了我国金融发展的经济增长率，结果发现我国金融结构和所有制结构通过提升金融创新效率而影响金融效率，而二元经济结构通过拉低金融配置效率而降低了金融效率。李健等（2015）经过实证研究发现金融效率的全要素生产率增长效率显著高于金融规模的全要素生产率，结果表明当前我国金融发展体系效率低下。周力等（2016）的研究认为金融效率对于经济增长的作用具有一定的时滞性。在短期内金融效率的提高并不能明显地带动经济增长。但是从长期看，提高金融效率能够对经济增长发挥持续的促进作用。因此在考虑金融效率对经济发展的政策效果时要以长期目标为出发点。蔡则祥等（2017）采用SBM（slack based model）方向性距离函数和Luenberger指数法分别计算我国各省份金融服务实体经济发展的无效率和全要素生产率值，并分析了影响金融服务实体经济效率的主要因素，提出了优化资源配置、提高金融服务实体经济发展效率的对策建议。高东胜（2017）认为潜在经济增速的下降，导致货币资产对经济增长的刺激效应弱化。攀高的杠杆率也使得资金对经济的拉动作用减弱。另外，由于房地产业吸纳了大量的资金，阻碍了金融资源的配置效率，导致金融服务实体经济的效率较低。袁中国等（2019）对61个国家的数据进行分析，通过实证研究发现金融效率对经济波动具有一定的抑制作用，尤其是对中高收入国家的经济波动抑制作用更显著，而且随着金融效率的提高，能够明显地平滑这些国家的经济波动效应；但是在中低收入国家金融效率对经济波动的抑制作用不显著。董竹等（2019）的研究认为金融效率与实体经济发展关联度较高，尤其在2008年金融危机之后，金融效率的提高能够显著地促进实体经济发展，但是在2015年之后金融效率与实体经济关联度有所下降，这可能与居民储蓄占比降低有关。贾高清（2019）认为金融服务实体经济的关键在于金融服务实体经济效率的提高，通过对我国31个省份的面板数据构建动态异质性随机前沿模型，测算了我国金融服务实体经济的效率。结果发现技术创新能够提高实体经济的产出能力，提升产值，从而也能促进金融服务实体经济效率的提高。王竹泉等（2019）认为传统的财务分析体系存在资金与资产概念的混淆等类似问题，在传统财务分析体系中提供的资金效率与财务风险信息扭曲程度较高，导致资金效率被低估，而财务风险被高估，严重的信息扭曲导致资本市场对实体经济充满悲观情绪，实体经济的投资价值被低估，为金融体系"脱实向虚"和实体企业"融资难、融资贵"提供了新的解释。

2.4　金融规模与实体经济发展相关文献综述

在国外的研究中，学者们一般都将金融规模作为金融发展的一个部分，从金融体系整体的角度分析金融规模在金融发展中的作用，而单独对金融规模进行研究的文献较少。Schumper（1911）最早对金融规模与经济增长关系进行单独研究，他认为金融系统的发展为企业家借贷提供了便利，能够通过创新提高人均收入水平，从而促进消费，提升国民经济水平。Santomero等（2000）利用一般均衡框架推导出金融部门的最优金融结构。他们的研究表明最优金融规模与经济状态无关，且不随经济周期而发生变化。Graff等（2005）提出金融发展对经济增长产生促进作用的同时，也会带来额外的成本，因此应该控制金融发展的速度和规模，经济中应该存在一个适度的金融规模。Stephen等（2012）在研究中发现金融发展对经济增长的作用是存在阈值效应的，当金融发展小于阈值时，金融能够推动经济增长，但是当金融发展超过阈值时，将会抑制经济增长，尤其是对资本或者人力资源需求较多的产业，影响效果更显著。Arcand等（2015）研究得出金融系统具有为私人部门提供信贷的作用，信贷规模增速应该与经济增长速度相适应，当这两者增速相匹配时，金融规模扩张能够促进经济产出水平提升，但是当信贷规模增速超过GDP增速110%时，金融规模的扩张将对经济产出的增长产生负效应。

国内对金融规模的研究在近些年有了很大的进展，研究的重点主要是金融规模与经济发展的关系，对金融规模与实体经济的研究较少。因此本节将对金融规模与经济发展的研究进展进行简要回顾。王志强等（2003）指出以往学者在对金融发展指标选取和经验分析方法的选取上都存在一定的问题，他们借助向量误差修正模型和格兰杰因果检验对金融发展和经济增长之间的相关关系和因果关系进行再度研究，在结果中可以看出金融规模的扩张对经济增长是具有促进作用的，同样经济增长也会全面地推进金融发展。苏基溶等（2009）在前人对金融发展与经济增长关系的研究结论的基础上，弥补了以往研究中的不足，再度对金融发展与经济增长进行深入挖掘，最终认为金融发展对经济增长的影响不是线性的，而是呈倒U形，并且存在以经济发展水平和人力资本存量决定的最优金融规模。王勋等（2011）通过运用固定效应模型、工具变量法和动态面板数据模型，发现目前金融规模的扩张是不利于经济增长的，金融发展不能只体现在金融规模的扩张上，而更重要的是金融结构的合理安排。俞立平等（2012）采用多种实证方法研究金融发展与经济增长之间的关系，结果表明多种研究方法共同使用可以起到相互补充、相互支撑的功能，金融规模对经济增长具有促进作用。邓淇中等（2012）采用动态面板计量方法对金融发展规模与经济增长之间的关系进行实证检验，结果表明金融规模在中部、西部地区对经济增长存在显著为正的影响，而在东部地区却表现出负方向的作用。这也表明我国金融规模与经济增长呈现出区域非均衡性。沈军等（2013）研究了金融规模适度性与金融规模增长对金融发展的促进作用，经过理论分析和实证检验，表明保持金融规模适度增长应该成为中国金融可持续发展的主线。朱玉杰等（2014）从金融规模的"量"和"质"两个角度分析金融规模增长效应，他们选取金融相关比、金融存量规模、金融集聚和金融效率作为金融规模的衡量指标，研究结果发现金融规模存量增长与二、三产业发展水平呈倒U形关系，并认为应该合理看待金融规模在"量"上的发展，注重金融规模"质"的积累。王恺（2014）研究了金融规模、所有制结构与城镇就业容量的关系，经过实证分析后认为金融规模能够促进城镇就业；地区所有制结构对金融规模与城镇就业的关系有显著的影响；金融规模扩张的就业效应在非公有制经济较发达的地区更明显。那么从他的分析也可以得出金融规模扩张能够促进就业率水平提升，直接影响产出水平，从而拉动经济增长。张丽娜等（2014）分析了农村金融发展对农村经济的影响，脉冲响应分析的结果表明金融规模对经济的冲击短时间内作用为负向，之后通过市场的调节和缓解，冲击的作用会变为正向。说明金融规模对经济增长的促进作用需要一定的时间才能发挥作用。周迪（2015）对我国金融规模"量"和"质"的发展水平的地区差距及分布动态演变进行研究。结果发现我国中部地区金融规模的"量"和"质"都略显滞后，金融规模的"量"比"质"更重要，政府需要加大力度调节金融规模非均衡调整的速度。邹伟（2015）基于金融支持区域经济发展的理论，分析了珠海市经济和金融发展的关系。结果表明金融规模对区域经济增长影响显著，当经济发展到一定水平的时候，金融发展通过规模扩张来推动经济发展。张志元等（2016）认为金融发展存在一个最优金融规模。他们以山东省为例构建了向量自回归模型对山东省的相关数据进行检验，实证结果表明当金融发展达到最优规模时，经济增长能够达到稳态，经济与金融将稳步协调地向前发展。在这种情况下，即使金融规模相对于经济总水平的变动增长幅度较大，也不会促进经济长期稳定增长，反而会抑制经济增长速率。周力等（2016）采用VAR模型对北京市金融发展与经济增长的影响进行分析，最终认为金融规模的变化对经济增长的作用具有阶段性特征，短期内金融规模的扩大能够带动经济增长，但是金融规模的持续扩大将不会促进经济继续发展。卢方元等（2016）在对我国金融规模与经济增长之间的关系研究后认为金融规模发展能够促进经济增长，但是这种影响不太显著，而经济增长能够显著地促进金融规模发展。罗超平等（2016）认为金融规模对产业结构升级的影响较显著，适当控制金融规模，合理引导信贷投向，将有利于产业结构升级。王良健等（2016）通过非线性空间面板模型探讨了金融规模对区域经济增长的影响，分析结果表明金融规模对我国整体经济增长的作用表现为非线性，呈倒U形。经济增长不仅受本地金融规模的影响，而且与相邻区域的金融规模密切相关。金融规模的变动对我国四大区域经济的影响存在显著的差异性。耿德林等（2018）采用空间面板模型研究长江经济带中金融系统对经济发展的支撑作用，研究结果表明金融规模对经济增长具有显著的正向促进作用，金融规模每提高1%，会促进区域生产总值提升0.030%。

国内学者对金融规模的研究已经取得较多成果，但研究方法和研究对象依然存在局限性，有的学者是基于全国金融规模进行分析，也有学者是对省际金融规模数据进行分析，但至今没有学者将这两种数据所得到的结果进行比较分析。本书将分析全国层面金融规模与实体经济发展的关系，省际层面金融规模与实体经济发展的关系，并对这二者结果之间的差别进行比较分析，较以往学者的研究有了更深一步的发展。

2.5　文献述评

本章对以往学者关于金融体系与实体经济发展的研究做了详细的回顾，主要包括两部分的内容，分别为金融体系整体与实体经济发展研究的梳理回顾以及金融体系中三个维度与实体经济发展研究的梳理回顾。

在第一部分金融体系与实体经济发展研究文献综述中，不仅对国内外学者关于金融体系的研究进行细致的阐述，而且对以往学者关于金融体系与实体经济的研究做了详细的介绍和分析。尤其是近些年关于实体经济的研究成果数量增加较多，本章对研究方法和研究结论都做了阐释。国内外的学者们对金融体系与实体经济发展关系的研究未得出一致结论，这与学者们所处的社会环境、经济周期等都有很大关系。本书指出了以往学者的研究中存在的局限性，为后续研究的深入、指标体系的选择、计量模型的使用奠定了研究基础。在本章第二部分中，分别回顾了金融结构、金融效率、金融规模与实体经济发展研究已取得的成果。这部分研究成果丰硕，但是仍存在着局限性，较少有学者是从动态的视角分析金融体系与实体经济的关系，对金融体系与实体经济发展关系的研究也较片面，没有全面、细致、深入地研究金融体系中每个部分与实体经济发展的协调性。

本章的研究为后文中金融体系与实体经济发展研究进行铺垫，通过对以往学者研究思路及结论的分析总结，发现金融体系与实体经济发展关系的研究在不同时期、采用不同的模型、选取不同的指标，最后的结论都是有差异的。但是总的来说，大多数学者都认为金融体系与实体经济发展之间存在着显著的相关性。金融是经济的血脉，实体经济发展离不开金融体系输送的优质金融资源，也离不开金融体系发挥的资源优化配置功能。金融体系和实体经济发展都有其自身规律，在后文的分析中，要借鉴以往学者的研究经验，弥补以往学者研究中的不足，基于当前金融体系发展情况，从动态视角出发，寻找在当前经济形势下金融体系和实体经济的运行规律，以提高金融服务实体经济的能力为目的，构建金融体系与实体经济发展动态适配发展方式。

第3章　金融体系与实体经济发展现状及关联性研究

提升金融服务实体经济的能力，就要寻找金融体系中的薄弱环节，针对性地补短板，增强金融体系的整体水平，探寻金融体系与实体经济发展的适配方式。本章首先阐述金融体系发展现状，并分析金融体系与实体经济发展中存在的问题。进一步对金融发展论、金融深化论和金融抑制论、金融约束论及其他金融发展理论进行分析和回顾，指出理论的发展和存在的不足。然后选取金融体系中较为重要的三个维度：金融结构、金融效率和金融规模，采用灰色关联度分析方法对我国金融结构、金融效率、金融规模与实体经济的关联关系进行计算，基于对关联度系数和关联度的分析，对金融体系整体与实体经济的关系有初步的认识，为后续探究金融体系三个维度与实体经济发展的适配方式奠定基础。

3.1　金融体系与实体经济发展现状及问题分析

3.1.1　金融体系与实体经济发展现状分析

金融体系的发展始终与国家经济社会发展密切相关，2015年11月召开的中央财经领导小组第十一次会议上提出了经济结构性改革，2016年中央财经领导小组第十二次会议制定了供给侧结构性改革方案。中共中央政治局于2019年2月22日就完善金融服务、防范金融风险举行了第十三次集体学习，中共中央总书记习近平在主持学习时强调，要深化对国际国内金融形势的认识，正确把握金融本质，深化金融供给侧结构性改革，平衡好稳增长和防风险的关系，精准有效处置重点领域风险，深化金融改革开放，增强金融服务实体经济能力，坚决打好防范化解包括金融风险在内的重大风险攻坚战，推动我国金融业健康发展。金融体系作为现代经济运行的核心，对资源起到引导和配置的功能，对供给侧结构性改革发挥着重要的推动作用，对实体经济的发展同样是至关重要的。2017、2018年我国社会融资规模都超过19万亿元人民币，从图3.1社会融资规模增加值（同比）和实体经济增长率（同比）变化趋势可以看出，与基期2007年相比，我国社会融资规模增长率波动式上升，相对波动幅度也较大，但实体经济增长率是逐年平稳递增的，这二者的变动大体上是同步的，并且社会融资规模的降低没有影响实体经济增长率的上升。但是，在我国经济从"需求侧"转向"供给侧"改革的过程中，金融业并没有充分发挥其对实体经济的服务功能，特别是在2015年6月股灾发生之后，股票市场一直处于相对低迷状态，极大地影响了金融服务实体经济的能力。从图3.2社会融资规模增长率（环比）与实体经济增长率（环比）变化趋势可以看出，社会融资规模环比增长率波动剧烈，在2009年增长率达到最大，但是2010年发生大幅下降，并在2011、2014、2015年增加值为负值。社会融资规模增长率呈现出较为明显的波动趋势。而实体经济增长率与社会融资规模增长率在2009年至2012年甚至出现了反方向变化。这种现象直观地说明了金融体系与实体经济产生脱节。虽然金融体系与实体经济都在不断发展，并且金融体系在资源配置、企业融资等方面为实体经济提供了较多的支持，但是金融服务于实体经济的效果并没有达到预期目标。

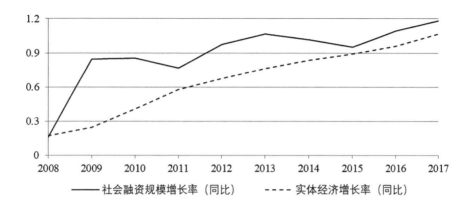

图3.1　社会融资规模增长率（同比）与实体经济增长率（同比）变化趋势

数据来源：Wind数据库。社会融资规模指一定时期内（每月、每季或每年）实体经济（即非金融企业和个人）从金融体系获得的资金总额。这里的金融体系是整体金融的概念。从机构看，包括银行、证券、保险等金融机构；从市场看，包括信贷市场、债券市场、股票市场、保险市场以及中间业务市场等。实体经济为国内生产总值中去除了金融产业产值和房地产产值后的剩余部分。图中社会融资规模增长率和实体经济增长率为对数同比年增加值，基期为2007年。

图3.2　社会融资规模（环比）与实体经济增长率（环比）变化趋势

数据来源：Wind数据库。图中社会融资规模增长率和实体经济增长率为对数环比年增长率。

　　国际上经常使用Goldsmith（1969）提出的金融相关比率（financial interrelations ratio，FIR）指标衡量金融发展，它是用一定时期一定统计口径下的金融活动资产和实物资产的总量之比来衡量的。从图3.3中可以看出在2008年全球金融危机爆发后，FIR迅速降到了200%，说明金融体系受到重创，金融活动总量减少。但是2009年之后政府出台措施缓解金融体系的创伤，FIR逐渐上升，直到2017年达到303%，在2018年稍有回落。一般认为发达国家FIR为200%～300%，虽然我国金融相关比率处于此区间，但是金融体系的发展与发达国家相比还有差距。

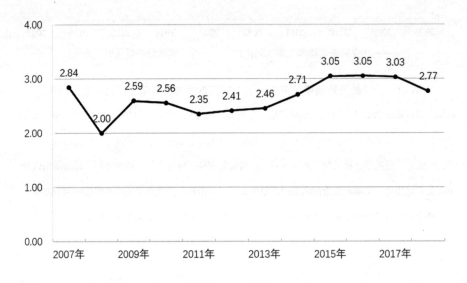

图3.3 我国金融相关比率（FIR）

数据来源：Wind数据库和中国国家统计局。统计时间为2007—2018年。金融相关比率的计算公式为FIR=（M2+S）/GDP，其中M2为活期存款和准货币，S为有价证券，包括债券（国债、企业债、金融债）余额和股票总市值加上保险业资产总额。

  综合图3.1、图3.2和图3.3，总体上金融体系是在不断发展的，但是金融体系的发展与实体经济发生脱节，虽然社会融资规模增加值在总量上是上升的，但对实体经济的贡献未达到预期水平。除此之外，随着金融体系规模不断扩大，金融效率的不断提高，金融系统与实体经济的联系越来越紧密，金融的高效率并没有以同样的效率带动实体经济发展，因此需要从金融供给侧结构性改革着手，实现金融资源供给与实体经济需求之间的有效匹配，从而服务于实体经济，促进实体经济发展。

3.1.2　金融体系与实体经济发展存在的问题

当前我国正面临着需求侧和供给侧结构性失衡的矛盾，从需求侧看，"三驾马车"已不足以拉动经济增长，实体经济的投资空间在不断减小，如果以政府投资来带动社会投资，由于政府投资存在挤出效应，在提高政府投资的情况下，政府公共投资边际效益逐渐下降，实体经济回报锐减，投资不能够刺激产出。另外，收入分配结构不合理导致财富配置不平衡，中低收入人群占比大且消费意愿低导致社会总需求变小，而产业发展缓慢导致高收入群体的需求不能得到满足，这使得我国居民消费处于比较尴尬的局面。除此之外，社会保障福利制度水平不高，造成消费增长后劲不足。我国大部分省份逐渐步入老龄化，人口结构问题造成养老金将成为沉重负担。尤其在东北地区，生育率排在全国末位，人口外流比例较高，养老金入不敷出现象已经凸显，这更加重了消费动力不足的影响。现有体制下，需求侧产生的矛盾，实质上是由体制机制改革滞后引起的，是制度供给不足的具体反映。

从供给侧看，政府对产业发展及资源配置存在过度干预倾向，在追求GDP增长的动力驱使下，效仿推动GDP增长的成功经验，导致资本和资源投入重复的低水平建设之中。例如近些年兴起的孵化器产业园、高新技术开发区、经济技术开发区等，通过财政补贴引进了一些企业投资者，同时也吸引了房地产开发企业。虽然在初始阶段能够带动区域经济发展，但是由于开发之初政府和企业经验不足，容易出现因过度追求税收而缺乏对园区系统科学的专业规划，易引发区域集聚效应差、土地利用效率偏低、企业同质化竞争严重、配套不平衡、产业带动作用不明显等诸多问题，造成产能过剩。同时由于高端产业准入门槛设置不合理，致使产业升级面临较多障碍，产业结构调整缺乏动力支持。低端产品输出成本低，高端产品制造困难大，最终造成了低端行业产能过剩，而高端产品及服务供给短缺。在经济进入新常态后，有效供给不足和无效供给过剩已经成为影响我国供需平衡的主要矛盾，而把供给侧结构性改革作为今后一个时期宏观政策的主线是破解矛盾的必要方式。

曾经我国过于强调从需求侧进行宏观调控,以实现经济高速增长,而现在所强调的供给侧结构性改革只是对以往进行"纠偏",并不是一味强调供给侧而忽视需求侧,从一个极端走向另一个极端。供给侧结构性改革不是全面改革,而是有重点、有选择、有先后顺序的改革。供给侧结构性改革的成效关乎国家经济发展命运,而加强金融资源的有效供给,不断优化融资结构,有利于促进供给侧结构性改革进程的推进,有利于提高金融服务实体经济的能力。

3.2　金融体系与经济发展相关理论分析

自20世纪开始以中国和印度为主的发展中国家在世界经济格局中凸显出来,也成为众多学者所关注的对象,有学者从经济的角度进行研究,也有学者从社会体制、意识形态来分析,金融发展与经济增长等问题也同样受到深入探究,宏观经济学研究的重点也从经济增长转向金融发展。

3.2.1　金融发展论

Gurley等(1960)从数量增长的角度诠释了金融发展,并将金融发展界定为市场中金融资产流通性的提高和银行、非银行金融机构数量的增多。在他们的定义中,金融发展也就是金融增长,金融发展局限于金融增长,是一种数量概念。他们认为金融对经济增长的作用机制不应仅停留在古典主义经济学的货币理论,这是存在着一定的局限性的。那么在完善的金融市场中,货币与非货币金融资产是具有同等价值的。也就是银行作为货币发行主体与金融市场中的证券机构、保险机构等本质上就是相似的。进一步,他们还指出金融发展与经济增长存在着同向的依存关系。一方面,他们认为金融发展是金融资源数量的增加,金融发展在促进金融市场发展的同时,也扩大了市场的流通性,那么资金周转速度加快,更能够为经济增长提供资金保障，金融体系的发展成为经济增长的助力剂。另一方面，从经济周期的角度来看，当处于经济周期上升期时，社会的投资和储蓄能力都会相应提高，金融资源的数量也会随之上升，由于社会对金融产品和服务需求的增加，势必会推动金融机构的发展，说明经济发展带动了金融发展。也就是说在一定条件下，金融发展与经济发展是双向促进关系。进而Gurley和Shaw又分析了金融发展对经济增长的推动方式。他们指出当金融体系中金融机构数量增长时，储蓄量也会增加，与此同时，如果金融体系没有有效发挥资源优化配置功能，那么此时的金融发展是缺乏效率的。在西方发达资本主义国家中，经济发展水平较高，金融体系也相对较为先进和完善。在这样的市场中，企业贷款数量将超过家庭部门的贷款量。与此相反，在发展中国家，由于受到经济水平的限制，企业发展能力有限，家庭部门的贷款占金融市场交易额的比重较高，金融资源优化配置能力较低，金融效率低下，金融体系尚未发挥促进经济增长的作用。

金融发展论虽然扩大了金融体系研究的范围，将非货币化金融资产视为与货币具有同等价值，也对金融发展方式进行了剖析，认为储蓄的增长能够带动贷款的数量，扩大投资。该理论对金融体系与经济发展的研究开辟了新篇章，也从本质上解释了金融发展和经济周期的关系。但是金融发展论仍存在不足，它认为金融发展即表示数量上的增加，缺乏对金融资源质量、金融效率与资源优化配置的研究，所以是具有片面性的。

3.2.2　金融深化论和金融抑制论

McKinnon（1973）和Shaw（1973）将发展中国家作为研究对象提出了金融深化理论，该理论认为发展中国家自身较为特殊，经济货币化程度低，缺乏完善的金融市场，市场处于分割状态，资源配置也处于无效率状态，市场价格不能反映资源的稀缺程度，金融体系中二元结构并存，并且强调了发展中国家金融制度的特殊性，那么传统的货币理论不适用于发展中国家。他们认为落后的金融体系限制和制约了经济的发展，进而提出了促进金融体系发展的金融深化论。除此之外，他们认为落后的国家存在着严重的金融抑制，因此提出了金融自由化的政策主张。

McKinnon在对阿根廷、巴西、智力等几个国家和地区二战后的金融体系与经济增长的状况进行研究后发现，在发展中国家存在着严重的金融抑制，也就是发展中国家的金融市场滞后于发达国家，而且政府对金融实施较为严格的管制，例如金融管制、利率限制等。这使得名义利率同预期通货膨胀率差值较小，市场机制的作用无法得到充分发挥，导致了金融体系与经济增长之间的恶性循环。这将产生利率被压低或者通货膨胀率较高，甚至两者都存在的情况。他认为在资本市场严重分割的情况下，内源融资性资本积累尤为重要，指出了金融制度对经济发展的促进作用。他们都认为在发展中国家，如果想要追求经济和金融的发展，就要适当放弃抑制性金融政策，取消利率管制政策，实施金融深化改革，通过金融自由化来提高利率，解除金融抑制。那么就需要主张贸易自由化、税制合理化和适度的财政政策相配合，金融体系才能促进经济发展。

Shaw对传统的货币观进行了批判，他认为对于个人而言货币是财富，而对于整个社会而言，货币是金融中介。货币体系通过发行真实货币和其他非货币金融债券，动员了储蓄，降低了投资的不确定性，因而金融体系是有利于经济增长的。但是由于发展中国家存在金融抑制现象阻碍了经济发展，他认为发展中国家的经济改革应该首先从金融改革开始，通过金融市场实现利率、储蓄、投资和经济增长的协调发展，消除"金融抑制"。

但是金融深化论也存在一定的不足之处，该理论并没能将金融资源及其配置效率进行深入研究，因此研究结论中缺乏对金融效率的相应观点。金融自由化的主张能够带动金融资源数量上的增长，但是数量增加到一定程度后，并不会带来金融效率显著提高。另外，金融深化论是在完全竞争市场的假说下建立起来的，这个假设在实际经济社会中是难以实现的理想状态，与现实存在着很大程度的背离，因此需要提高金融效率，使之达到帕累托有效配置。除此之外，在新古典经济理论框架下提出的金融自由化的政策建议也与经济发展是存在着非协调性的，与现行金融发展模型存在一定的差异。从以上分析可以看出金融深化论和金融抑制论虽然较以往的金融发展论有了很大突破，更能够应用于二元经济结构的发展中国家，但是它忽略了对金融效率和金融脆弱性的研究。

3.2.3 金融约束论

早期金融抑制论的观点主要是政府对金融市场的价格和数量管制，导致资源配置扭曲，从而阻碍经济增长。自20世纪80年代以来，世界各国逐渐走上金融自由化进程，金融自由化改革的结果也有所显现，学术界对金融体系的认识也日益深化，尤其是对信息因素在金融体系运行中的重要性有了深刻的理解。但是此时金融深化论和金融抑制论与一些发展中国家产生差异，因此Hellman等（1997）提出了金融约束理论。金融约束论的核心观点就是在宏观经济环境是稳定的、通货膨胀率较低并且是可预测的等前提条件下，由存款监管、市场准入限制等组成的一整套金融约束政策是有助于促进经济增长的。金融约束理论主要是政府通过一系列的金融政策在民间部门创造机会，能够获得超过竞争性市场的收益。那么在金融约束中，这部分超过竞争性市场的收益就能促使民间部门的当事人将原本在竞争市场中的商品或服务，转移到非竞争市场中。金融约束理论，强调的是政府在渐进金融改革中的积极作用，重点突出政府干预对金融发展的作用。并提出了在发展中国家，金融自由化并不一定是实现金融深化的最优政策选择，适度的金融约束是有必要的。该理论认为适当的金融约束能够在一定程度上促进经济的发展，例如在欠发达国家中，金融体系也较为落后，政府应当在宏观经济稳定，尤其是通货膨胀率较低等前提条件下，采取一系列金融约束措施，包括金融管理法制化、取消信贷配给、金融资产价格市场化、金融机构竞争自由化等为金融部门和生产部门创造获取超额收益的机会，以缓解金融机构和企业部门由于信息不对称而导致的激励问题，从而推动金融深化和经济增长。但同时，政府采取的选择性干预应该是随着金融深化程度而动态调整的。随着金融发展，政府应逐步放松金融约束，以促进经济向自由市场过度。

金融约束论对金融的资源属性进行了定义和解释，与之前学者提出的金融发展论和金融深化论及其他相关理论相比，金融约束理论所考虑的经济结构、社会发展阶段、金融发展程度等都更加完善，政策建议也更符合发展中国家二元经济结构的实际情况。该理论考虑了金融深化论所假设不变的外部条件，使理论假设更接近现实情况。而且金融约束论考虑的影响因素更多，因而考察得更全面，所提出的政策主张也是广泛采用实证研究得出的，也更加能够经得起实践的检验。尽管金融约束论中所蕴含的金融效率观点更加成熟，但仍忽视了金融脆弱性的影响。

3.2.4 其他金融发展与经济增长相关理论

内生金融理论是以内生经济增长理论为分析框架，围绕着金融体系的内生生成、金融作用与经济增长的内在传导机制、金融发展与经济增长之间的因果关系展开讨论的金融理论。内生金融理论从金融中介的流动性、风险转移功能等视角解释了金融中介的形成原因，并指出信息获取优势和信息汇总优势是金融市场形成的重要原因，论证了金融中介和金融市场存在的合理性，进而对金融机构和金融市场的形成做出了规范意义上的解释。

白钦先（1998）提出了金融可持续发展理论，该理论以金融资源学为基础，率先揭示了金融的资源属性。他将金融定义为一种区别于自然资源的，具有战略性、脆弱性、中介性、社会性和层次性的特殊资源。金融资源的特殊性就在于金融既是资源配置的对象，又是配置其他资源的方式或手段。金融可持续发展论表明了金融体系是一个复杂的体系，其可持续发展不仅从动态的时序上强调各系统的发展能够协调、连续、不间断，而且还注重金融体系内各关联子系统之间的协调，是时间和空间的统一。金融可持续发展论的创新之处体现在从金融资源配置的视角来考察金融与经济的关系，并且金融可持续发展论的目标是要提高金融效率，利用金融效率来拉动金融稳定以及金融和经济的可持续发展；提出金融效率质和量的统一，强调了金融发展与经济增长的协调，既不超前，也不落后。该理论在金融约束论提出的约束条件基础上，增加了金融资源的长期有效利用和金融资源的脆弱性两个约束条件，与以往的研究相比，考虑得更加全面，有了很大的进步。

孔祥毅（2003）提出了金融协调论，金融协调论认为协调的金融运行是经济高效率发展和金融可持续发展的基础，金融体系失衡将对金融可持续发展产生负面影响，将增加上层建筑的脆弱性。金融协调理论也为金融可持续发展理论提供了强有力的补充。该理论认为金融协调不是单一的，而是涵盖多个层次的，它包括了金融内部协调、金融与经济的协调以及金融与社会的协调等。金融协调论不同于以往提出的金融发展论和金融深化论，它是站在系统的、动态的、开放的角度，以制度变迁作为主线，但又跳出单一的金融系统，从整个社会、经济和金融系统的视角来研究金融问题，是在一个多元化的系统中，形成了多层次的理论体系。但是金融协调理论仍存在一定的局限性，它无法充分涉及传统金融理论的每一个分支层面，但是在这种情况下，金融协调论更强调它所包含的协调思想。

随着统计技术发展和次贷危机的爆发，也有学者认为金融发展对经济增长产生负面影响，也就是存在着"金融过度"现象。Deidda等（2002）、Rioja等（2004）率先提出了金融发展与经济增长之间存在的非线性关系。他们认为经济发展水平或者金融发展水平相对较低的国家，金融发展对产出的增长具有并不显著的正相关影响；而那些经济发展水平或者金融发展水平中等的国家，金融发展对产出的增长有显著的正向促进关系；在经济发展水平或金融发展水平较高的国家，金融发展与经济增长之间呈微弱的正相关关系。Philippon（2007）通过人力资源配置的外部性解释金融工作人员过多的可能性，也证明了存在金融过度。基于他们的研究，王凌云等（2014）从金融危机视角解释了金融过度理论，他们认为金融过度发展将加剧金融系统风险，会使金融系统承担风险超过自身所能承受的水平，通过市场自发调节功能已经无法及时分散和控制风险，会使得金融风险进一步传播，甚至波及实体经济。因此金融过度会增强金融危机传染性，由此引发的金融危机会破坏金融系统的基本功能，阻碍经济增长。

在世界范围内各国的金融体系一直处于变化之中，当处于不同的经济周期时，都会有学者基于以往理论的漏洞和当下经济形势提出新的金融发展相关理论。本章仅对一些比较具有影响力的金融发展理论进行阐述和分析，相信在未来的研究中，还会有更多的、更完善的理论和经济规律被发现和提出。

3.3 金融体系与实体经济发展关联性基本分析

3.3.1 灰色关联度理论

灰色系统理论是由我国学者邓聚龙教授（1982）提出的，这一理论也受到国内外学者的积极关注，其中有很大一部分著名学者和专家都对灰色系统理论给予充分的肯定和大力支持，至今仍有学者对灰色系统理论进行探索和应用，在灰色系统理论的基础上进行改进。灰色系统理论研究的对象是"部分信息已知而部分信息未知"的"小样本"，在信息不充分、不确定的环境中，灰色系统理论在小样本的基础上，通过"部分"已知信息的生成、开发等的运算过程，实现对现实世界的更加准确的描述和认识。在经济社会中，信息不充分、信息不完全的情况较多，例如金融政策、利率政策、企业改革、国际市场变化等信息有时是无法预测的。灰色系统理论经过了几十年的发展，现在已经建立起一门新兴学科的结构体系，主要包括以灰色代数系统、灰色方程、灰色矩阵为基础的理论体系，以灰色关联空间为依托的分析体系，以灰色模型（GM）为核心的模型体系等。在灰色系统分析中，除了灰色关联分析外，还包括灰色聚类、灰色统计评估等方面的内容。

在一般的抽象系统中都包含多种因素，多种因素共同作用决定了系统的发展态势，例如经济系统、生态系统等。但是在众多因素中，哪些是主要因素，哪些是次要因素，以及哪些因素对系统发展影响大，哪些因素对系统发展起到的推动作用最强，哪些因素对系统发展贡献最大等等，在数理统计中可以通过回归分析、方差分析、主成分分析等进行系统分析，但是也存在着一定的不足之处，其中最主要的一点就是需要大量数据，如果数据量小，就难以找到规律。另外样本数据要服从某个较为典型的概率分布。上述几个数理分析往往计算量也较大，需要计算机的帮助才能实现。而最终有可能会出现量化结果与定性分析结果不符的现象。尤其是我国一些统计数据十分有限，有数据缺失的情况，难以达到典型的分布规律，以往的数理方法无法实现系统分析。灰色关联分析就能规避以上数理分析的缺陷，它对样本量和样本是否存在规律都适用，并且灰色关联分析还具有计算量小的特点，也不会出现量化结果与定性分析不符的结论。灰色关联分析的基本思想是根据序列曲线集合形状的相似程度来判断其联系是否紧密，如果曲线越接近，则表示相应序列之间的关联度越大。

以往学者选择大样本数据采用格兰杰因果关系检验、动态面板模型等对金融体系与实体经济进行研究，但是在信息量少、样本小的情况下灰色关联理论能够更好地解释自变量与因变量之间的关系，因此本章在样本数据量较小的情况下，将选用灰色关联度分析方法对我国金融体系与实体经济发展进行研究。灰色关联度分析是灰色系统理论的分析方法，它充分开发并利用数据中的显信息和隐信息，通过考察各要素发展态势的相似或相异程度来客观度量各要素的关联度，并揭示了各要素的动态关联特征。

3.3.2 样本选取及数据来源

全球金融危机对我国金融体系造成了一定程度的冲击，为了使金融危机发生前后的数据不影响本书的分析，将选取金融危机发生后我国2008—2017年时间序列数据为样本，对供给侧结构性改革前后金融体系与实体经济发展的关联度进行对比。本章数据均来自Wind数据库。

本章中将GDP减去金融业和房地产业的产值视为实体经济发展的衡量指标。在选取金融体系指标时，参考张志元等（2018）构建的金融指标体系，选择金融效率、金融结构以及金融规模三个维度的指标进行分析，其中具体指标及计算方式如表3.1所示。

　　由于本书在第4章至第7章中将分别对金融结构、金融效率、金融规模与实体经济发展深入地进行省际面板数据实证分析，而在整理省际数据时发现，与全国数据相比，省级数据公布得不完整，或者有些指标在省级层面不进行统计，因而省际指标选取难度较大。此外，本章主要目的是对金融结构、金融效率和金融规模与实体经济发展的关联度进行分析，因此对金融体系的三个维度进行二级指标选取时，侧重的角度与后文不同，本章更偏浅层次分析，后面几章会进行更深入的研究。基于以上原因，本章全国层面的指标选取与后文省际层面指标的选取会略有差异。

　　（1）金融效率指标

　　它的二级指标包括三个：储蓄占比、金融机构存贷比和不良贷款率。储蓄占比体现了居民对货币的需求水平，也反映了金融体系的储蓄动员能力，如果储蓄占比较高，则说明居民对货币需求量少，消费活力不足，进而投资效率降低；金融机构存贷比体现了金融机构资金运用效率，存贷比高说明金融机构通过贷款获得盈利的能力较强，但同时抵抗风险的能力较低；不良贷款率是评价银行信贷安全状况的重要指标之一，是衡量金融中介脆弱性的指标，不良贷款率越低，说明银行不能收回的贷款占总贷款的比例越小。

　　（2）金融结构指标

　　它的二级指标参考李健等（2005）建立的金融结构的分析指标体系，选取工具结构、融资结构和开放结构作为金融结构的代理指标，工具结构是通过股票市场融资额比债券市场融资额进行计算，可以看出企业融资来源主要来自股票市场和债券市场；融资总额与GDP的比值为融资结构，比值高说明融资对于GDP有较大贡献；开放结构用B股上市公司数与A股上市公司数的比值来衡量，比值大说明市场开放度高，境外融资能力提高。

　　（3）金融规模指标

　　它的二级指标包括金融相关比率、保险深度和金融产业增加值占比，其中金融相关比率是金融资产与实物资产的总量比，比值高说明金融资产的规模较大；保险深度反映了保险业在国民经济中的地位，它取决于一国经济总体发展水平和保险业的发展规模；金融产业增加值占比反映了金融业在国民经济中的地位以及金融体系的发展程度。

表3.1　金融体系与实体经济参考指标评价体系

	一级指标	二级指标	变量	二级指标释义
实体经济发展	实体经济	实体经济产值	X_0	GDP-金融业产值-房地产业产值
金融体系指标	金融效率	储蓄占比	X_1	居民储蓄/GDP
		金融机构存贷比	X_2	金融机构贷款余额/存款余额
		不良贷款率	X_3	银行不良贷款/总贷款余额
	金融结构	工具结构	X_4	股票市场融资额/债券市场融资额
		融资结构	X_5	融资总额/GDP
		开放结构	X_6	B股上市公司数/A股上市公司数
	金融规模	金融相关比率	X_7	（M2+有价证券）/GDP
		保险深度	X_8	保费收入/GDP
		金融产业增加值占比	X_9	金融产业增加值/GDP

3.3.3　描述性统计分析

在确定选取的10个变量后，对其进行描述性统计，结果如表3.2所示。由于所选取变量的单位不一致，因此在表中每个变量的统计指标数值相差较大，但是金融体系中的9个变量的标准差较小，说明这9个变量数值较平稳，没有较大波动起伏。另外，总体10个变量的序列比较接近正态分布。

表3.2　变量的描述性统计

	实体经济	金融效率			金融结构			金融规模		
	X_0	X_1	X_2	X_3	X_4	X_5	X_6	X_7	X_8	X_9
平均值	484 901.2	0.741	0.689	0.014	0.080	0.209	0.047	3.081	0.034	0.070
中位数	493 963.9	0.745	0.688	0.014	0.074	0.230	0.045	2.884	0.032	0.067
最大值	701 394.1	0.777	0.732	0.024	0.126	0.279	0.072	3.862	0.045	0.084
最小值	286 192.5	0.683	0.651	0.010	0.037	0.131	0.030	2.180	0.029	0.057

续表

	实体经济	金融效率			金融结构			金融规模		
	X_0	X_1	X_2	X_3	X_4	X_5	X_6	X_7	X_8	X_9
标准差	138 876	0.029	0.025	0.005	0.030	0.056	0.014	0.540	0.005	0.010
偏度	−0.030 82	−0.734	0.272	0.662	0.189	−0.232	0.599	0.142	0.972	0.369
峰度	1.844 741	2.754	2.220	2.607	1.628	1.428	2.270	2.060	2.604	1.699
雅克-贝拉检验	0.557 676	0.924	0.377	0.794	0.844	1.119	0.820	0.402	1.641	0.932
P值	0.756 662	0.630	0.828	0.672	0.656	0.571	0.664	0.818	0.440	0.627

3.4 金融体系与实体经济发展关联性实证分析

3.4.1 变量无量纲化处理

由于原始数据的单位不统一，无法进行计算，因此在进行灰色关联度分析之前，需要对原始数据进行无量纲化处理。在本章中对所有指标都采用均值法进行无量纲化处理，进一步得到第 k 年 X_i 无量纲化数值 $X_i^{(1)}$ (k)，计算公式如式（3.1）所示。

$$X_i^{(1)}(k) = \frac{X_i(k)}{X_i} \ (i=0, \ 1, \ 2, \ \cdots, \ 9) \qquad （3.1）$$

$X_i^{(1)}(k)$ 为变量 X_i 在第 k 年的数据进行无量纲处理后的数值。对样本中的数据进行无量纲处理后，得到表3.3。从得到的结果中可以看出，经过无量纲化处理后的数据相对较均匀，使得后续实证结果更具有可对比性，有利于后文在实证分析中对金融体系中的9个指标进行横向比较。

表3.3　均值法处理后各指标的无量纲化数据

年份	实体经济	金融效率			金融结构			金融规模		
	$X_0^{(1)}$	$X_1^{(1)}$	$X_2^{(1)}$	$X_3^{(1)}$	$X_4^{(1)}$	$X_5^{(1)}$	$X_6^{(1)}$	$X_7^{(1)}$	$X_8^{(1)}$	$X_9^{(1)}$
2008年	1.469	0.941	0.918	0.291	0.498	1.213	1.059	0.814	1.038	0.969
2009年	0.592	1.032	0.943	0.194	0.647	1.379	0.988	1.053	1.083	1.056
2010年	1.407	1.015	0.941	0.137	1.148	1.350	0.814	1.042	1.194	1.052
2011年	1.434	0.971	0.955	0.116	0.712	0.855	0.712	1.021	0.996	1.062
2012年	0.788	1.023	0.968	0.115	0.519	0.742	0.660	1.068	0.974	1.103
2013年	0.726	1.041	0.971	0.121	0.342	0.680	0.655	1.084	0.984	1.173
2014年	0.622	1.044	1.012	0.152	0.488	0.772	0.610	1.194	1.069	1.229
2015年	0.421	1.071	0.976	0.203	1.038	1.215	0.546	1.377	1.199	1.425
2016年	0.594	1.069	0.998	0.211	1.008	1.446	0.499	1.405	1.415	1.395
2017年	0.880	1.013	1.032	0.211	0.896	1.177	0.435	1.441	1.510	1.345

3.4.2　计算关联系数

由于本书考察的是金融体系与实体经济的关联度，因此在计算灰色关联系数时将实体经济变量X_0作为母序列，9个金融体系的指标作为子序列。分别计算每个子序列中的因素和母序列对应因素之差的绝对值，即

$$X_i^{(2)}(k) = \left| X_i^{(1)}(k) - X_0^{(1)}(k) \right| \quad (i=1, 2, \cdots, 9) \quad （3.2）$$

同时，计算每个子序列的最大值M_i和最小值m_i，即

$$M_i = \max_{k=1,2,\cdots,10} \left\{ X_i^{(2)}(k) \right\} \quad (i=1, 2, \cdots, 9) \quad （3.3）$$

$$m_i = \min_{k=1,2,\cdots,10} \left\{ X_i^{(2)}(k) \right\} \quad (i=1, 2, \cdots, 9) \quad （3.4）$$

并计算

$$M = \max_{i=1,2,\cdots,9} \left\{ M_i \right\} \quad （3.5）$$

$$m = \min_{i=1,2,\cdots,9} \left\{ m_i \right\} \quad （3.6）$$

计算得到的关联系数以及最大值、最小值如表3.4所示。从表中可以

看出在本章所考察的时期内，关联系数最大的指标是2017年的不良贷款率（X_3），关联系数最小的是2009年的金融结构存贷比（X_2）。但是此表中的系数和最大值、最小值是为了后文进一步计算所用，并不能直观地说明对应指标与实体经济的贡献度大小。

表3.4　差值绝对值及最大最小值

年份	金融效率			金融结构			金融规模			
	$X_1^{(2)}$	$X_2^{(2)}$	$X_3^{(2)}$	$X_4^{(2)}$	$X_5^{(2)}$	$X_6^{(2)}$	$X_7^{(2)}$	$X_8^{(2)}$	$X_9^{(2)}$	
2008年	0.088	0.064	0.562	0.356	0.359	0.206	0.040	0.185	0.115	
2009年	0.114	0.025	0.724	0.271	0.462	0.070	0.135	0.165	0.139	
2010年	0.067	0.141	0.945	0.066	0.268	0.268	0.040	0.112	0.030	
2011年	0.308	0.325	1.163	0.567	0.424	0.567	0.258	0.284	0.218	
2012年	0.385	0.440	1.293	0.889	0.666	0.748	0.339	0.434	0.305	
2013年	0.497	0.567	1.417	1.196	0.858	0.883	0.454	0.554	0.365	
2014年	0.616	0.648	1.508	1.172	0.888	1.049	0.466	0.591	0.431	
2015年	0.678	0.772	1.546	0.710	0.534	1.203	0.372	0.549	0.324	
2016年	0.811	0.882	1.670	0.873	0.435	1.382	0.476	0.466	0.486	
2017年	1.079	1.059	1.880	1.196	0.915	1.656	0.650	0.582	0.746	
max	1.079	1.059	1.880	1.196	0.915	1.656	0.650	0.591	0.746	1.880
min	0.067	0.025	0.562	0.066	0.268	0.070	0.040	0.112	0.030	0.025

3.4.3　计算灰色关联度

在上文计算差值绝对值的基础上，对母序列与子序列的关联度进行进一步的计算，灰色关联系数的计算公式为

$$\eta(X_0(k), X_i(k)) =$$

$$= \frac{\min\limits_i \min\limits_k |X_i^{(1)}(k) - X_0^{(1)}(k)| + \rho \max\limits_i \max\limits_k |X_i^{(1)}(k) - X_0^{(1)}(k)|}{|X_i^{(1)}(k) - X_0^{(1)}(k)| + \rho \max\limits_i \max\limits_k |X_i^{(1)}(k) - X_0^{(1)}(k)|} \quad (3.7)$$

其中 η 为母序列实体经济与子序列金融体系的关联系数值，$i=1$，2，$\cdots$，9；$k=1$，2，$\cdots$，10，$\rho \in [0, 1]$ 为分辨系数。由于

$$m = \min_{i} \min_{k} \left| X_i^{(1)}(k) - X_0^{(1)}(k) \right| \tag{3.8}$$

$$M = \max_{i} \max_{k} \left| X_i^{(1)}(k) - X_0^{(1)}(k) \right| \tag{3.9}$$

因此

$$\eta(X_o(k), X_i(k)) = \frac{m + \rho M}{\left| X_i^{(1)}(k) - X_0^{(1)}(k) \right| + \rho M} = \frac{m + \rho M}{X_i^{(2)}(k) + \rho M} \tag{3.10}$$

本书选择了常用的分辨系数 ρ =0.5计算灰色关联系数。进一步计算每个变量的关联度 γ_i，如式（3.11）所示：

$$\gamma_i = \frac{1}{10} \sum_{k=1}^{10} \eta_i(k) \tag{3.11}$$

关联系数及关联度排名如表3.5和表3.6所示。在本章所考察的10年间，融资结构（X_5）与实体经济关联度最高，其次是银行不良资产率（X_3），第三是居民储蓄占比（X_1），其他变量按对实体经济增长贡献大小排序依次为：保险深度（X_8）、金融产业增加值占比（X_9）、金融相关比率（X_7）、金融机构存贷比（X_2）、开放结构（X_6）、工具结构（X_4）。同时从每年关联系数最大值可以看出，max值整体呈下降趋势，也就是说金融体系与实体经济的关联度在逐渐下降。在图3.4子序列灰色关联度三维图中，颜色越深代表关联度越小，在2012年之后，金融体系9个指标的颜色变深，图像明显下移，说明整体上金融体系的关联度值都在减小，本章所考察的几个指标对实体经济的贡献度都有所降低。

表3.5　灰色关联系数矩阵

年份	金融效率			金融结构			金融规模			max
	$X_1^{(3)}$	$X_2^{(3)}$	$X_3^{(3)}$	$X_4^{(3)}$	$X_5^{(3)}$	$X_6^{(3)}$	$X_7^{(3)}$	$X_8^{(3)}$	$X_9^{(3)}$	
2008年	0.967	0.934	1.000	0.697	0.889	0.869	1.000	0.849	0.825	1.000
2009年	0.928	1.000	0.903	0.765	0.790	1.000	0.793	0.886	0.787	1.000
2010年	1.000	0.827	0.797	1.000	1.000	0.819	1.000	1.000	1.000	1.000
2011年	0.715	0.649	0.714	0.570	0.823	0.644	0.625	0.704	0.682	0.823
2012年	0.656	0.572	0.673	0.447	0.646	0.570	0.549	0.559	0.594	0.673
2013年	0.585	0.506	0.638	0.370	0.552	0.525	0.468	0.480	0.546	0.638

续表

年份	金融效率			金融结构			金融规模			max
	$X_1^{(3)}$	$X_2^{(3)}$	$X_3^{(3)}$	$X_4^{(3)}$	$X_5^{(3)}$	$X_6^{(3)}$	$X_7^{(3)}$	$X_8^{(3)}$	$X_9^{(3)}$	
2014年	0.525	0.471	0.614	0.375	0.539	0.479	0.461	0.460	0.501	0.614
2015年	0.498	0.426	0.604	0.508	0.732	0.442	0.523	0.483	0.578	0.732
2016年	0.449	0.393	0.576	0.452	0.813	0.407	0.455	0.535	0.469	0.813
2017年	0.375	0.349	0.533	0.370	0.529	0.362	0.374	0.465	0.360	0.533

表3.6 子序列关联度排名

子序列		关联度	排行
金融效率	γ_1	0.670	3
	γ_2	0.613	7
	γ_3	0.705	2
金融结构	γ_4	0.555	9
	γ_5	0.731	1
	γ_6	0.612	8
金融规模	γ_7	0.625	6
	γ_8	0.642	4
	γ_9	0.634	5

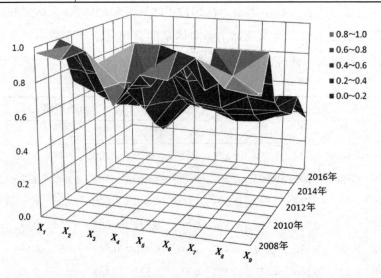

图3.4 子序列灰色关联度三维图

3.4.4 结果分析

由于在对金融体系的研究中，每个一级指标下还有三个子指标，将每年子指标与实体经济的关联度相加并取平均值得到$F_n(k)$，将其作为一级指标与实体经济关联度的参考值，其中$n=1$为金融效率，$n=2$为金融结构，$n=3$为金融规模；$k=1$，2，…，10。由此可以得到每年金融效率、金融结构、金融规模与实体经济的关联度，如表3.7所示，每年关联度最大值均用斜体标示。

从总体上看，金融效率与实体经济的关联度较高，在2015年提出供给侧结构性改革后，2015—2017年金融结构与实体经济的关联度更高。但是在表3.7中可以发现，金融体系整体与实体经济的关联度值在逐年减小，2011年之后金融体系中的三个指标与实体经济的关联度都小于0.7，金融体系对实体经济增长的贡献度在逐渐减小。尤其是金融规模，与其他两个指标相比，纵观样本考察的10年，金融规模与实体经济的关联度最弱，虽然我国金融市场规模在不断壮大，金融相关比率和金融产业增加值逐年上升，但是它们扩大并没有对实体经济发展产生较大的贡献度。

表3.7 金融效率、金融结构、金融规模与实体经济的关联度

	金融效率	金融结构	金融规模
2008年	0.967	0.818	0.891
2009年	0.944	0.852	0.822
2010年	0.875	0.940	1.000
2011年	0.693	0.679	0.670
2012年	0.634	0.554	0.568
2013年	0.576	0.482	0.498
2014年	0.537	0.464	0.474
2015年	0.510	0.561	0.528
2016年	0.473	0.557	0.487
2017年	0.419	0.420	0.400

3.5 本章小结

本章首先阐述了金融体系发展现状，指出金融体系与实体经济发展中存在的问题。然后分别对金融发展论、金融深化论和金融抑制论、金融约束论和其他金融发展理论进行分析和回顾，指出理论的发展和存在的不足。然后采用灰色关联度分析方法对我国金融结构、金融效率、金融规模与实体经济的关联关系进行计算，基于上述对关联度系数和关联度的分析，可以得出以下四个结论：

第一，本书选取金融体系中金融结构、金融效率和金融规模三个维度是合理的。从灰色关联度结果可以看出，这三个维度都与实体经济发展有着密切的关系。然而在不同时期，它们与实体经济发展的关系都是变化的，但是通过结合当时的经济环境、金融发展阶段等，能够对本章所得到的结果进行合理的解释。因此在后续的分析中，分别从这三个维度出发，一方面分析关联度变化的深层原因，另一方面分析金融体系中的三个维度与实体经济发展的适配性效应。本章的分析为后文探寻金融体系与实体经济发展的适配方式提供了理论依据和现实依据，本章分析所得到的结论也是具有现实意义的。

第二，我国金融效率整体上与实体经济发展关联度较高。居民储蓄占比对实体经济促进作用较强，不良资产率也对实体经济影响较大，但金融机构存贷比与实体经济关联度略低，说明虽然银行吸收存款能力较强，中小企业资金需求很大一部分是来源银行贷款，因此企业债务杠杆较高，但灰色关联度说明了银行贷款不是支撑实体经济发展的主要资金来源。在2008年金融危机之后，金融效率的提高能够显著促进实体经济发展，但在2015年之后，金融效率与实体经济关联度略有下降，这可能与居民储蓄占比的减少有关。

第三，我国融资结构与实体经济发展关联度较高，但是金融结构整体发展并不理想。随着我国金融市场规模的逐渐扩大，融资额随之上升，融资结构是随着股票市场波动的，牛市时筹资金额高，融资总额就更大。在供给侧结构性改革提出后，金融结构对实体经济发展贡献最大，融资结构中证券市场以股票市场股权融资为主，从市场开放结构来看，我国金融市场开放度还有极大的发展空间，目前工具结构和开放结构与实体经济发展极为不匹配，甚至制约了金融结构的发展。在后续研究中，对于金融结构与实体经济发展动态适配效应的分析也将是本书研究的重点内容之一。

第四，在样本观测期，金融规模的数量与实体经济发展关联较弱，但是实体经济发展离不开金融规模质量的提高。虽然我国金融规模不断扩大，金融机构以及金融产品的数量均有大幅增加，金融产业增加值在上升，但是金融规模的增长与其拉动实体经济的能力不匹配。M2供应量、股票市值、保费收入数量虽然有所上升，实现了量的突破，但是这与实体经济发展规模是失衡的，金融规模需要在质量上实现增长才能推动实体经济发展。因此从金融规模上看，金融体系并没有充分发挥服务实体经济的功能，因此有必要通过对金融规模的分析探寻金融规模与实体经济发展的适配方式。

第4章 金融体系与实体经济发展适配效应分析：基于金融结构空间溢出效应视角

通过前文对金融体系与实体经济关联度的分析，发现金融结构中仍存在与实体经济发展不匹配的方面，影响了金融服务实体经济的能力。那么在本章中，首先将金融结构分成宏观金融结构和微观金融行业结构两个方面，从宏观金融结构和金融行业结构两个层面分析金融结构与实体经济发展的现状。进一步，在进行实证分析时对宏观金融结构和金融行业结构构建二级指标体系，选取空间面板模型，并对比随机效应、固定效应和混合效应的空间计量模型结果。最后采用杜宾模型对省际金融结构与实体经济发展的溢出效应进行研究，通过直接效应和间接效应分析区域间金融结构的相互影响，从而探寻金融结构与实体经济发展的适配方式。

4.1 金融结构与实体经济发展现状分析

本书在分析金融结构与实体经济发展的适配效应时，在参考了李健等（2005）从微观、中观、宏观层面构建的金融结构指标衡量和评价体系的基础上，考虑到金融结构对宏观金融调控和微观金融发展都有较大的影响，所以从宏观和微观两个角度来考察金融结构。其中宏观金融结构主要是指影响国民经济运行的金融结构，但是由于本书采用的是省际面板数据，因此本书中的宏观金融结构是指对地区经济运行产生影响的总量金融结构，从整体上反映了金融结构的状况和特点。微观金融结构表现为单个居民、企业、金融机构等的结构，但是由于数据获取以及篇幅限制，本书主要是从金融行业结构为出发点，主要考察的是金融行业结构的构成是否合理、市场化程度的高低。

4.1.1　宏观金融结构发展现状

金融结构是金融发展的基础，也是金融供给侧结构性改革中的核心要素。当前我国经济形势稳中有变，外部环境复杂严峻，国际上面临着美国不断升级的贸易争端，对我国高质量发展产生了一定影响。国内金融业虽然发展较快，但也遇到较多问题，例如金融科技监管制度不完善、金融资源分配不均衡等。金融结构未能及时随着经济发展而调整，因此产生了金融结构失衡的现象。我国金融结构失衡主要体现在几方面，从金融产业规模结构来看，虽然我国金融发展迅速，但是地区差异较大，尤其是西部地区，金融产业规模结构发展缓慢，金融机构的数量低于其他地区。另外，金融机构结构不均衡，银行业数量多，证券机构的发展随股票市场变动，而保险业发展缓慢。就造成了金融资产供给方面的失衡现象，企业融资方式以间接融资为主。

从金融市场结构来看，保险业发展速度与银行业、证券业相比差距较大，因此金融市场结构主要通过银行业吸收发放的存贷款额与证券业交易额来衡量。由于目前我国社会经济情况较特殊，社会保障体制不健全，预期未来支出会增加，以及受传统观念的影响，我国居民储蓄率偏高，人们更倾向于把闲置资金存在银行。而证券市场上，由于信息不对称和高风险的存在，投资者普遍都是保守型投资者，也使得一部分潜在投资者更愿意将资金存在银行，我国的高储蓄率也就由此产生。就目前我国金融市场结构来看，大多数省份的银行存贷款规模还是远高于证券交易额的，只有少数如北京、上海的证券交易额较高。我国商业银行的主要收益来源是贷款利息，用在投资上的资金较少，而我国居民的高储蓄偏好使得银行总是有源源不断的资金流入，这些资金也较多地贷给企业，相比于通过直接融资渠道发行股票和债券，企业从银行获得贷款资金的门槛较低，从而推动了企业向银行的间接融资的推广。从这个角度来讲，由于银行业发展相对较完善，储蓄量较大，使得银行对实体经济发展能够提供较多资金。但是这将使得我国金融市场结构失衡。另外，参与金融市场的投资者结构也不合理，我国股票市场中个人投资者是主要参与者，由于个人投资者不具备专业知识，投资时易受非理性因素影响，加剧了股票市场波动。

从金融开放结构来看，截至2018年12月末，我国A股上市公司数量为3 488家，B股公司数量为99家，境外上市（包括H股、N股和其他）公司数量为507家，人民币融资与外币融资数量差距悬殊，我国金融市场的开放度与发达国家成熟的金融市场相差较大。但是改革开放四十多年来，我国金融对外开放的进程也在不断加快，银行、保险、证券等金融机构也相继对国外金融结构展开试点，金融业对外开放的广度和深度都是在不断增强的。随着我国金融开放结构的提升，短期看对国内金融机构的经营管理以及金融市场的稳定性带来一定的挑战，特别是中小型的金融机构，受外资的冲击会感受到更强大的压力。但是从长期看，开放的金融结构有助于提高我国金融体系的国际竞争地位，提高我国金融体系的综合实力，是有助于实体经济转型升级的。

从融资结构来看，非上市公司如果选择采用权益融资，那么需要在证券交易所上市。但是众所周知我国股票市场上市采取核准制，自2020年3月1日开始在不同的板块和市场逐步实施注册制，而在注册制尚未全面施行时仍以核准制为主，上市的基本条件较为严苛，手续也较为烦琐，涉及的法律和财务问题较多，上市成本较高。相比于银行借贷而言，上市公司通过股票市场融资的确没有利息费用，但其上市之前所花费的时间成本、发行费用以及印花税等成本仍是较高的，投资者对于股票的预期回报率并不低于银行借款的利息率，因此企业要以较高的回报率去筹集资金。从投资者角度来看，股权投资者一旦持有上市公司的股票，也相应地获得了一部分权利，包括参与公司重大决策、分配利率等权利。持有上市公司股票的投资者人数众多，因此会使得上市公司控制权分散，并且公司经营决策、管理等集中度也会下降。在公司的董事更偏好掌握绝对控制权的情况下，董事会将更谨慎地考虑采取股权融资的方式去获取资金。另外，从公司经营的安全度来考虑，当公司因经营不善而面临着被恶意并购时，如果收购方采取的是股权收购的形式，那么被收购公司会因失去主动权导致无法选择并购方式。表4.1显示了2009—2018年我国几种主要融资形式的融资金额，由于公布的企业债券融资额尚不完整，所以在此并未列示。可以看出银行贷款的发放量逐年增大，即使不断鼓励采取直接融资方式获得资金，国债融资和股票融资的金额还是波动较大的，并没有明显的规律性。但可以直观地看出我国的融资结构是失衡的，在建设多层次金融市场体系的前提下，银行业依然还是最重要的融资渠道。

表4.1 2009—2018年我国主要融资金额

时间	国债融资额/亿元	股票筹资额/亿元	银行贷款/亿元
2009年	17 927.24	6 124.69	399 684.82
2010年	19 778.3	11 971.93	479 195.55
2011年	17 100	5 814.19	547 946.69
2012年	16 154.2	4 134.38	629 909.64
2013年	20 230	2 802.76	718 961.46
2014年	20 247	8 498	816 770.01
2015年	58 226	16 362	939 540.16
2016年	89 886	20 297	1066 040.1
2017年	82 243	15 536	1201 321
2018年	77 063	11 378	1362 966.7

数据来源：国家统计局公布数据

从以上几点可以发现，虽然我国金融体系在不断发展完善，金融结构也在不断升级，但仍存在金融结构与实体经济发展错位现象。金融结构失衡造成了金融资产供给与需求不匹配，实体经济离不开金融市场的资金供给，同时经济高质量发展离不开金融体系的进一步完善，但金融结构失衡不利于推动经济发展。因此应该使金融结构与实体经济相匹配，找到金融结构与实体经济发展中存在的短板，从而深化金融体系对实体经济发展的促进作用。

4.1.2 金融行业结构发展现状

在1978年提出改革开放之后，经过了四十余年的发展，我国现在已经形成了以中国人民银行为主导的，以中国银行、中国农业银行、中国工商银行、中国建设银行、交通银行五家国有商业银行为主，以十二家股份制商业银行为辅，众多其他中小城市银行和农村商业银行以及其他非银行金融中介机构为补充，多种金融机构并存的金融市场形态。根据中国银保监会公布的数据，截至2017年12月底，我国银行业金融机构法人机构数有4 532家，大型商业银行5家，政策性银行3家，股份制商业银行12家，城市商业银行134家，农村信用社965家，农村商业银行1 262家，农村合作银行33家，民营银行17家，企业集团财务公司247家，信托公司68家，金融租赁公司66家，汽车金融公司25家，货币经纪公司5家，消费金融公司22家，资产管理公司4家，外资金融机构39家，新型农村金融机构和邮政储蓄银行1 625家[①]。2018年12月末银行业金融机构法人机构数共有4 588家，具体分类法人机构数量变动尚未公布。可以看出，我国这一市场格局呈现出明显的以银行为主导的金融结构。而从我国的五家国有商业银行的股权构成来看，都为国家独资。它们由国家直接掌控，政策传导性较强，在我国社会经济生活中占有重要的地位，其他股份制商业银行无法与之相比。作为国有商业银行，这五家银行受中国人民银行直接领导，对风险的管控也更加严格，安全性和可靠性都要高于其他银行，银行内部体系较为健全，具有较完善的规章制度，资金雄厚，破产风险极小。无论是政策支持还是经济调控方面，都更具有优势，因此当企业有短期资金需求时，也更倾向于向国有商业银行贷款，从而开展生产、投资等业务。国有商业银行作为商业

---

① 数据来源：Wind中国宏观经济数据库

银行的中心，与全国众多中小商业银行共同构成庞大的银行系统，相比于还处于发展和完善时期的证券市场，发达的银行体系奠定了我国银行主导型金融体系的稳定格局。但在我国金融体系中，大型商业银行占主导地位，大型国企、央企具有资源优势，中小企业仍面临融资难和融资贵的问题。

我国证券业结构虽然发展较快，但是也面临诸多问题。首先证券市场法律体系仍有待完善。我国证券市场成立较晚，以20世纪90年代上海证券交易所和深圳证券交易所的成立作为标志，时至今日发展历程仍不足40年，法律建设滞后于证券市场的发展。直至1999年《证券法》的颁布实施，才以法律形式确立了证券市场在金融市场中的地位，为证券市场基本法律框架的构建奠定了基础，在日后证券市场相关法律体系逐渐完善的过程中，证券市场有了相应的法律限制。但是相比于其他发达国家的证券市场而言，我国证券市场仍处于新兴阶段，且伴随着经济体制改革，证券市场也处于不断的改革之中，法律体系的更新尚无法与证券市场的发展实时跟进，导致证券市场会出现一些体制性、机制性和结构性的问题。除此之外，中国证监会成立于1992年，发展至今证券监管体系仍较为薄弱。政策监管与法律监管是相辅相成的，但在我国证券市场迅猛发展时期，这两者都未与证券市场协同发展，学者和业界人士关于分业监管和混合监管的讨论一直在持续，并且也出现了多头监管、监管缺位和监管标准不一等各种问题。金融市场监管方式包括监管机构的监管、行业自律组织监管、中介机构监管和社会舆论监管，但是证券行业自律组织也未充分发挥其自律监管功能，更多的是通过证监会的指示来发挥作用，在自主发挥监管功能方面仍十分欠缺，有待完善。外部监管的缺失和内部自律性组织的薄弱共同的作用，使得监管出现了严重的短板，导致证券市场的秩序得不到有效管理。近几年多次出现的内幕交易和市场操纵等乱象使得投资者对股票市场失去信心，严重压制了证券市场的活力，阻碍了证券市场的健康发展。加之我国证券市场的参与者不同于其他发达国家的证券市场，我国参与证券市场交易的散户数量庞大，而这些小股民中又以缺乏专业知识的民众为主，因此专业可靠的金融中介机构就显得尤为重要。但是目前的证券中介机构良莠不齐，尤其在2015年我国股票市场处于蓬勃之势时，证券中介机构数量的增加如雨后春笋，但是如此多的证券中介机构中有一部分存在功能性缺陷，尚且不能及时地为投资者提供专业、可靠的高价值信息服务，不能满足投资者的信息需求。那么在这种信息不对称的环境下，一些掌握了非公开信息的投资者更容易获得超额收益。除此之外，我国证券市场的信息披露制度存在着一定的问题，上市公司信息公开不及时，信息披露还带有一定的主观随意性，刻意隐瞒负面信息，这使得证券市场上信息不对称现象更加严重，甚至出现了信息炒作，严重制约了证券市场公开、透明地发展，极易产生道德风险。对于一般的小股民投资者而言，没有接受过专业培训，往往要自发地学习和搜集资料才能获取相应信息，由于专业能力以及获取信息的途径有限，很容易被一些带有主观臆断的信息引导投资方向，使得投资具有盲目性和跟风性，也可以用"羊群效应"来解释我国证券市场上存在的问题，这使得投资风险加剧。当股票指数上涨时，投资者信心和热情较高，容易忽略存在的问题而产生盲目投机行为，而当股票指数下跌泡沫破裂时，投资者悲观情绪较严重，纷纷抛售股票，使得股票市场更加低迷，上市公司难以依靠证券市场获得稳定的资金。

虽然我国现在已成为世界第二保险大国，但事实上保险业的发展一直是滞后于银行业和证券业的。根据中国国家统计局公布的数据，2018年我国保险保费收入为3 801.7亿元，比2017年增长3.9%，从保费增长率可以看出我国保险市场正处于高速发展期，未来市场潜力巨大。而中国平安、中国人寿、中国人保、中国太平洋保险和新华保险五家保险公司总的保费收入同比增长高达10.8%，截至2018年末我国共有保险公司219家，目前仍有百余家保险公司等待审批，但这五家保险公司龙头地位仍不可动摇，这使得保险行业机构之间的市场竞争变得愈加残酷。但是保险业的发展受制于经济水平、社会环境的发展状况，我国地域面积较大，因此不同区域的保险市场也呈现出差异化态势。一些经济较发达地区，保险理念也较强，保费收入常年位居全国前几位，而相比较而言，一些欠发达地区的保费收入的总和，甚至不及发达地区省份的保费收入。另外，保险深度和保险密度是衡量保险市场发达程度以及保险意识强度的常用指标，在我国发达地区如北上广深的保险密度已经达到欠发达地区的10倍左右。我国保险市场所呈现出的地域发展不均衡现象十分明显，欠发达地区的保险市场还亟待完善。随着经济全球化趋势的进一步发展，有越来越多的国外保险企业、外资保险公司等进入我国保险市场中，虽然挤占了我国的保险市场份额，但是同时也激发了中国保险市场的活力，促进了保险公司之间的相互交流和学习，也有利于提升我国保险行业的整体水平。初立苹等（2019）对保险业与经济发展的关系进行了深入研究，探讨了保险业是经济发展的"助推器"，还是"稳定器"，通过实证分析认为保险业是经济的"稳定器"，特别是财产保险发挥了重要的"稳定器"作用。但是也不能忽略保险监管的作用，对保险市场环境的认识不全面，会导致缺乏对市场管理环境的精准定位，这就使得一部分保险机构在制定发展战略时，对监管性质的业务不熟悉，难以为管理性质业务理念的成功实践提供有利帮助。保险监管缺失将使得保险的作用大打折扣，对保险市场的进一步完善有一定的负面影响，制约了保险市场的发展，从而也影响保险市场对经济发展的"稳定器"作用。

我国单一的金融体系结构是导致金融供给问题的关键因素。银行主导型金融结构的主要特征就是通过银行间接融资方式进行资源配置，企业外部融资的主要渠道就是银行贷款的间接融资。在经济新常态下，原本以政府为主导的间接融资不能满足新兴产业和小微企业的资金需求。我国股票市场、债券市场准入门槛较高，成熟企业资金需求规模大、周转慢、资金利用效率低，占用了大量金融资产；成长型企业资金利用效率虽然高，却难以获得股权资产支持，它们主要通过银行信贷渠道获取资金，导致债务杠杆率较高，造成实体经济资产配置失衡。虽然我国金融机构种类繁多，但仍以银行为主体，经营模式同质化严重，机构结构单一。证券机构的发展受股票市场影响，而保险机构的发展滞后于银行和证券机构，社会公众的保险意识还不够高。与金融结构相匹配的金融发展水平是影响经济增长的重要因素，尤其是后金融危机时代，经济改革政策的有效性受金融结构的影响较为严重。

林毅夫等（2009）最早提出最优金融结构理论，并得到了很多学者的支持。他们基于要素禀赋结构、融资者特征和最优产业结构提出了最优金融结构的概念。他们在不断研究中发现在经济发展的各个阶段，最优金融结构与相应阶段实体经济对金融服务的需求是相适应的，最优金融结构以有效地实现金融体系的基本功能、促进实体经济发展为目的。张成思等（2015）基于金融内生视角，利用新古典增长模型构建了一个最优金融结构形成与经济增长的分析框架，并且分析了最优金融结构的动态演化轨迹、偏离以及恢复特征，认为存在最优的金融结构与实体经济相匹配。在我国提出供给侧结构性改革之后，金融供给侧结构性改革也随之提出。金融供给侧结构性改革的首要目标就是调整金融结构，从实体经济的资金需求出发，适应和满足实体经济的需要。然而，金融结构是一个复杂的主体，本章将从宏观金融结构和金融行业结构两方面来考察金融结构与实体经济的适配性，并且根据省际层面金融结构与实体经济发展之间的溢出效应，寻找金融结构与实体经济发展的适配方式。

4.2　金融结构与实体经济发展基本分析

4.2.1　数据来源及变量定义

本章在实证分析部分选取的地区为我国大陆的31个省及直辖市。由于各省及直辖市发展速度不同，各省对经济指标统计的起始时间及详细程度有所差异，并且有部分指标的2018年的年度统计值还未公布，为了保持数据的完整性，经过筛选，在本章计量分析部分选取2005—2017年的年度数据来分析金融结构与实体经济的空间溢出效应。数据来源于Wind数据库、中经网统计数据库、《新中国六十年统计资料汇编》、国家统计局公布的国家数据以及各省及直辖市的统计年鉴。

根据前文的分析，在本书中将从两方面衡量金融结构，分别是宏观金融结构和金融行业结构，进一步对一级变量的衡量指标进行细分，用金融产业规模结构（FIS）、金融市场结构（FMS）、金融开放结构（OS）和融资结构（FS）作为宏观金融结构的二级变量，用银行业结构（BS）、证券业结构（SIS）和保险业结构（IIS）作为金融行业变量的二级指标。在对变量进行定义时，参考了以往学者常用的定义方式，另外对存在争议的变量定义进行了补充。

1. 宏观金融结构

本章参考李健等（2005）构建的金融结构分析指标体系，将宏观金融结构按其所发挥的功能分为金融产业规模结构、金融市场结构、金融开放结构和融资结构。其中，金融产业规模结构是指各类金融机构的数量，分析金融产业规模结构的意义在于通过比较各省数据，全面衡量省际金融机构的发展程度，以及在金融资源配置中所发挥的作用。金融市场结构较为复杂，用以衡量是银行主导型金融结构还是市场主导型金融结构。金融开放结构用来分析我国省际金融市场的开放程度和吸引外资的能力。融资结构包括直接融资和间接融资，以其衡量金融资源对经济发展的贡献。

2. 金融行业结构

本章按照金融业中主要的三大行业——银行业、证券业、保险业进行划分，分为银行业结构、证券业结构和保险业结构，用以衡量这三大行业在金融市场中所占的比重。

各变量名称、变量符号及变量定义分别如表4.2所示，实体经济如前文所述，仍采用国内生产总值减去金融业和房地产业增加值来计算，实体经济发展水平通过实体经济增长率来衡量，用符号GRE来表示。

表4.2   金融结构变量指标

一级变量	二级变量	变量符号	变量定义
宏观金融结构	金融产业规模结构	FIS	金融机构数量的对数
	金融市场结构	FMS	证券交易额/存贷款总额
	金融开放结构	OS	外资金融机构数量/中外资金融机构总数
	融资结构	FS	融资总额/名义GDP
金融行业结构	银行业结构	BS	银行业存贷款总额/金融资产总额
	证券业结构	SIS	证券交易额/金融资产总额
	保险业结构	IIS	保费收入/金融资产总额

4.2.2　描述性统计分析

首先对选取的指标进行描述性统计，如表4.3所示，2005—2017年每个变量都有13个观测值，每个变量对应的各省及直辖市的观测值总数为403个。从表4.3的统计结果可以看出在本书选取的样本期间各省及直辖市的实体经济发展水平的均值为12.30%，极值相差0.553 7。对比宏观金融结构变量，这四个变量极值差和波动幅度都相对较小，也就是各省份之间的差距不大，尤其是金融市场结构（FMS），这也说明了区域证券交易额与区域存贷款总额的比相对较稳定。然而从行业结构来看，保险业结构（IIS）均值较小，也就是保费收入占比较低，极值差也是最小的，同时标准差也是最低的，结合保险业发展现状可以看出保险业在金融机构中的占比过低，还存在较大的发展空间。而银行业结构（BS）的统计指标略显极端，这与我国省际经济发展差异直接相关，在我国经济发达地区，银行业的存款和贷款都相对较多，因此银行业结构指标数值较大，而在偏远地区存贷款余额都很低，因此该指标数值较小，出现了差异较大的分布特征。从所有指标的偏态和峰度值可以看出，8个指标都呈现出显著的尖峰厚尾的特征，且不呈正态分布。

表4.3 描述性统计结果

	GRE	FIS	FMS	OS	FS	BS	SIS	IIS
平均值	0.123 0	8.555 6	0.101 4	0.412 9	0.388 8	0.908 4	0.082 0	0.009 6
中位数	0.120 8	8.650 9	0.066 2	0.059 0	0.159 3	0.928 5	0.061 0	0.009 5
最大值	0.274 3	9.759 7	1.141 8	5.882 4	8.086 2	0.996 3	0.530 9	0.019 4
最小值	−0.279 5	6.376 7	0.001 3	0.000 0	0.012 2	0.465 0	0.001 3	0.000 0
标准差	0.065 9	0.781 6	0.132 7	1.018 7	0.885 5	0.078 3	0.078 9	0.003 5
偏度	−0.657 1	−0.964 9	4.288 3	3.739 3	4.942 2	−2.488 6	2.546 1	−0.113 2
峰度	5.868 2	3.515 9	27.307 9	17.240 5	30.556 7	11.441 7	11.672 0	3.534 3
雅克-贝拉检验	167.133 5	67.004 4	11 156.88	4 344.330	14 391.67	1 612.584	1 698.207	431 867.1
P值	0.000 0	0.000 0	0.000 0	0.000 0	0.000 0	0.000 0	0.000 0	0.000 0
总和	49.558 5	3 447.909	40.847 8	166.409 1	156.680 3	366.073 9	33.056 3	3.869 9
方差和	1.746 1	245.568 5	7.081 7	417.134 1	315.179 1	2.462 4	2.499 9	0.005 0
观测值	403	403	403	403	403	403	403	403

4.2.3 空间计量模型的构建

1. 空间自回归模型

空间面板序列不同于时间序列，时间序列常用一阶自回归AR（1），但空间面板数据回归的形式更复杂。最常见的是空间自回归模型（spatial autoregression，简记为SAR），它的一般形式如式（4.1）所示：

$$y = \lambda W y + \varepsilon \tag{4.1}$$

在式（4.1）中，W为空间权重矩阵，λ为空间依赖性，它可以用来度量空间滞后Wy对y的影响，也被称为"空间自回归系数"。这个模型也被称为"空间滞后模型"。由于存在空间依赖性，将导致变量$\{y_i\}_{i=1}^{n}$之间相互影响，从而产生内生性。更一般地，会在上式中加入自变量X，因而变为

$$y = \lambda W y + X\beta + \varepsilon \tag{4.2}$$

在式（4.2）中，X为自变量，β为相应系数。式（4.2）也被称为"纯SAR模型"。如果$\lambda=0$，则式（4.2）将退化为一般的线性回归模型。因此可以用原假设H_0：$\lambda=0$来检验是否存在空间效应。

2. 空间误差模型

空间依赖性还可以通过误差项来体现，那么构建空间误差模型（spatial errors model，简记SEM）

$$y=X\beta+u \tag{4.3}$$

其中扰动项u的生成过程为

$$u=\rho Mu+\varepsilon, \varepsilon \sim N\left(0, \sigma^2 I_n\right) \tag{4.4}$$

式（4.4）中的M为空间权重矩阵。该模型中扰动项u存在空间依赖性，也就是说，不包含在X中但是对y有影响的遗漏变量存在空间相关性，或者不可观测的随机冲击存在空间相关性。那么如果$\rho=0$，式（4.3）将简化为一般的线性回归模型。由式（4.4）可得

$$Bu=\left(I-\rho M\right)u=\varepsilon \tag{4.5}$$

式（4.5）中$B=I-\rho M$。对于空间误差模型，尽管扰动项u存在自相关性，但由于不存在内生性，因而最小二乘估计是一致的。但是由于忽略了扰动项u的自相关将损失效率，所以最有效的估计方法是MLE（maximum likelihood estimation）估计。根据上面的几个公式，样本的对数似然函数可以写成

$$\ln L\left(y\mid\rho,\sigma^2,\beta\right)=-\frac{n}{2}\ln2\pi-\frac{n}{2}\ln\sigma^2+\ln(abs\mid B\mid)-\frac{1}{2\sigma^2}(y-X\beta)'B'B(y-X\beta)$$

$$\tag{4.6}$$

3. 空间杜宾模型（SDM）

假设区域i的被解释变量y_i依赖于其相邻地区的自变量，那么

$$y=X\beta+WX\delta+\varepsilon \tag{4.7}$$

式（4.7）中，$WX\delta$表示来自邻居自变量的影响，而δ为相应的系数向量。由于式（4.7）中不存在内生性，因此可以直接进行最小二乘估计。但是解释变量与WX间可能会存在多重共线性。

如果$\delta=0$，则式（4.7）可以简化为一般的线性回归模型。空间杜宾模型（SDM）的一般形式可以写为

$$Y=\rho WY+X\beta+\theta WX+\alpha l_n+\varepsilon \tag{4.8}$$

式中ρ表示空间自相关系数，W代表空间权重矩阵，WX、WY分别表示解释变量和被解释变量的空间滞后项，α为常数项，l_n是一个$n\times1$阶单位矩阵，β和θ表示回归系数，最后的ε是误差项。

4. 空间面板模型的一般形式

前面所介绍的空间面板模型之间虽然存在着很大的联系，但是还稍有差别，因此进行简要总结，一般的空间面板模型可以写为：

$$\begin{cases} y_{it} = \tau y_{i,t-1} + \rho w'_i y_t + x'_{it}\beta + u_i + \gamma_i + \varepsilon_{it} \\ \varepsilon_{it} = \lambda m'_i \varepsilon_t + v_{it} \end{cases} \tag{4.9}$$

其中，$y_{i,t-1}$为被解释变量y_{it}的一阶滞后；$\rho w'_i y_t$为解释变量的空间滞后，w'_i为相应的空间权重矩阵D的第i行；γ_i为时间效应，而m'_i为扰动项空间权重矩阵的第i行。

式（4.9）是空间面板模型最一般的形式，在结合实际情况选择模型的时候会考虑以下几种特殊情形：

① 如果$\lambda=0$，则为"空间杜宾模型"；

② 如果$\lambda=0$，且$\delta=0$，则为"空间自回归模型"；

③ 如果$\tau=0$，且$\delta=0$，则为"空间自相关模型"；

④ 如果$\tau=\rho=0$，且$\delta=0$，则为"空间误差模型"。

在本章后续分析中，会根据选择的数据，结合实际经济情况对这几个模型进行比较，选择最适当的模型进行实证分析。

4.2.4　面板单位根检验

由于本章选用的是省际面板数据，因此在采用计量模型分析之前，要进行面板单位根检验，以判断样本数据是否为平稳面板，是否存在伪回归，这对后续建模具有重要的参考价值。单位根检验的方法有很多种，例如时间序列常采用Dickey-Fuller（DF）检验、ADF（augmented Dickey-

Fuller）检验、PP（projection pursnit）检验等，用以识别变量是单位根过程还是结构突变的趋势。而面板数据单位根检验方法与时间序列有很大区别，面板数据单位根检验的假设也有所不同。本章使用的几种常用的面板数据单位根检验方法，假设条件如下。

1. LLC检验

LLC［Levin，Lin and Chu（2002）（简记为LLC）］假设检验方法的假设条件中，原假设为面板数据所有纵剖面的时间序列为单位根过程，备择假设为所有纵剖面时间序列是平稳过程。原假设和备择假设如下所示：

H_0：$\beta_i = 1$，$i = 1$，2，$\cdots$，N

H_1：$\beta_i = \beta < 1$，$i = 1$，2，$\cdots$，N

（LLC）假设检验比较适用于长面板数据，早期面板数据单位根检验大多数也是应用LLC假设检验。

2. IPS检验

IPS［Im，Peasran and Shin（2003）（简记为IPS）］假设中原假设和LLC假设是一样的，但是备择假设是不同的，它的备择假设为纵剖面的时间序列有一部分是平稳过程。假设如下所示：

H_0：$\beta_i = 1$，$i = 1$，2，$\cdots$，N

H_1：$\beta_i = \beta < 1$，存在i，$1 \leqslant i \leqslant N$

结合实际经济情况，IPS假设中的备择假设更合理，因此目前面板数据单位根检验中更多地会选择IPS假设检验。

3. HT检验

HT［Harris and Tzavalis（1999）（简记为HT）］检验是由Harris和Tzavalis在1999年提出的，主要是基于T固定，而$n \to \infty$的检验统计量。它的原假设是序列存在单位根，备择假设为序列是平稳的。即

H_0：$\beta_i = 1$，$i = 1$，2，$\cdots$，N

H_1：$\beta_i = \beta < 1$，$i = 1$，2，$\cdots$，N

4. Fisher检验

Fisher检验对每个个体分别进行检验，然后将这些信息综合起来。属于

异根检验，要求$T \to \infty$，n有限或趋于无穷大都可以 。它还分为ADF类检验和PP类检验。它的原假设也是序列存在单位根，备择假设为至少存在一个序列是平稳的。

对于单位根检验的结果，学者们往往通过"少数服从多数"的方式来决定数据是否符合单位根过程，也就是根据几种检验得到的结果，如果多数结果显示是平稳序列，则判断该序列为平稳的，反之亦然。本章将对所使用的面板数据的同阶数据采用以上几种检验方式进行单位根检验，结果如表4.4所示。那么从面板单位根检验结果来看，根据"少数服从多数"的原则，这8个指标都是平稳序列。

4.2.5　空间相关性检验

1. 空间权重矩阵

空间权重矩阵是空间计量分析的前提和基础，构建空间计量模型首先需要借助空间权重矩阵来反映相邻地区因素对被解释变量的影响。一般来自n个区域的空间数据记为$\{x_i\}_{i=1}^{n}$，其中下角标i表示区域i。将区域i与区域j之间的距离记为w_{ij}，则空间权重矩阵可以写为

$$\{x_i\}_{i=1}^{n}\ W = \begin{pmatrix} w_{11} & \cdots & w_{1n} \\ \vdots & & \vdots \\ w_{n1} & \cdots & w_{nn} \end{pmatrix} \qquad (4.10)$$

其中，在主对角线上的元素都为0，这是因为在计算空间权重矩阵时认为同一个区域的空间距离为0，因此空间权重矩阵为对角矩阵。

随着学者们研究的不断深入，空间权重矩阵在最初的基础上产生了多种变形。相邻矩阵是应用较为广泛的一种，它的计算非常容易理解，也就是如果两个区域有共同的边界，那么$w_{ij}=1$，否则$w_{ij}=0$，因此相邻矩阵中的元素都为0和1，也称为0—1矩阵。

另外还有基于区域间的距离计算的空间权重矩阵，将区域i与区域j的距离记为d_{ij}，那么空间权重矩阵定义如下：

表4.4　面板单位根检验结果

	LLC			IPS		HT			Fisher-ADF			
	(C,T,I)	(C,T,0)	(C,0,0)	(C,T,I)	(I,0)	(C,T,I)	(C,T,0)	(C,0,0)	P	Z	L*	Pm
GRE	-5.000 0*** (0.0000)	-3.562 5*** (0.000 2)	-8.265 9*** (0.0000)	-5.035 2*** (0.0000)	-2.076 3*** (0.0000)	-10.008 6*** (0.0000)	-12.399 1*** (0.0000)	-27.684 8*** (0.0000)	82.540 1* (0.041 7)	-1.775 4* (0.037 9)	-1.681 9* (0.047 3)	1.844 6* (0.032 6)
FIS	-16.494 0*** (0.0000)	-7.165 9*** (0.0000)	-2.620 4* (0.0000)	-7.952 6*** (0.0000)	-5.914 2*** (0.0000)	-7.805 2*** (0.0000)	-11.025 9*** (0.0000)	-0.276 4 (0.391 1)	256.645 1*** (0.0000)	-4.165 9 (0.0000)	-9.301 1*** (0.0000)	17.479 6*** (0.0000)
FMS	-5.670 4*** (0.0000)	-1.919 3* (0.027 5)	-0.489 1 (0.312 4)	-3.881 7*** (0.000 1)	0.210 5 (0.583 4)	-2.214 9** (0.013 4)	0.968 3 (0.833 5)	0.745 1 (0.771 9)	131.924 4*** (0.0000)	-5.553 9*** (0.0000)	-5.550 8*** (0.0000)	6.279 4*** (0.0000)
OS	-43.295 9*** (0.0000)	-71.360 0*** (0.0000)	6.033 3 (1.0000)	-12.613 9*** (0.0000)	-9.463 3*** (0.0000)	-12.018 4*** (0.0000)	-15.894 0*** (0.0000)	-4.099 2*** (0.0000)	178.918 0*** (0.0000)	-7.777 4*** (0.0000)	-8.219 3*** (0.0000)	10.499 5*** (0.0000)
FS	-41.614 3*** (0.0000)	-23.879 0*** (0.0000)	-4.158 5*** (0.0000)	-19.281 8*** (0.0000)	-19.674 8*** (0.0000)	-9.445 9*** (0.0000)	-19.185 4*** (0.0000)	-5.765 6*** (0.0000)	357.562 0*** (0.0000)	-14.183 3*** (0.0000)	-17.532 2*** (0.0000)	26.542 3*** (0.0000)
BS	34.919 7*** (0.0000)	27.250 3*** (0.0000)	1.062 3*** (0.0000)	8.762 1 (1.0000)	6.154 4 (1.0000)	-24.464 4*** (0.0000)	-20.378 4*** (0.0000)	-1.926 8*** (0.0000)	106.648 1*** (0.000 4)	0.387 7 (0.650 9)	0.604 2 (0.726 7)	4.009 5*** (0.0000)
SIS	4.932 2*** (0.0000)	9.815 1*** (0.0000)	9.250 5*** (0.0000)	3.255 2*** (0.000 4)	8.613 9*** (0.0000)	3.140 5** (0.000 2)	4.781 4*** (0.0000)	4.618 2*** (0.0000)	102.053 3*** (0.001 0)	0.562 7 (0.713 2)	0.123 5 (0.549 1)	3.596 9*** (0.000 2)
IIS	20.411 4 (1.0000)	17.239 6 (1.0000)	-1.187 3 (0.117 5)	5.796 7 (1.0000)	3.736 1 (0.999 9)	-3.999 4*** (0.0000)	-9.534 0*** (0.0000)	-4.216 5*** (0.0000)	126.104 2*** (0.0000)	-3.611 4*** (0.000 2)	-3.986 4*** (0.000 1)	5.756 7*** (0.0000)

注：*、**、***分别代表在10%、5%、1%的水平上显著。

$$w_{ij} = \begin{cases} 1, & \text{若 } d_{ij} < d \\ 0, & \text{若 } d_{ij} \geqslant d \end{cases} \quad (4.11)$$

式中的 d 为提前设定的空间距离临界值。

除了上面说的两种方法，还有学者直接用空间距离的倒数作为空间权重，也就是

$$w_{ij} = \frac{1}{d_{ij}} \quad (4.12)$$

学者们针对不同主体进行研究时上式中的 d_{ij} 也有不同定义，d_{ij} 可以表示空间地理距离，也有学者选取基于运输成本或者旅行时间的经济距离，还有学者将 d_{ij} 表示为社交网络中的距离。还有学者是基于区域中心位置的经纬度计算的距离2次方倒数的邻接方法作为空间距离矩阵，其表达的含义与上式类似。

本章认为，随着交通运输、网络发展，区域间联系的成本是较为低廉的，因此区域间的交流也会增多，合作机会也会更多，金融结构的空间溢出效应也更大。由于本章分析中并未考虑距离因素，因此在分析中为了简化分析步骤，将采用相邻矩阵作为空间权重矩阵。

2. 全局莫兰指数

目前较常见的空间相关性检验方法分别是莫兰指数和吉尔里指数，莫兰指数的计算公式为

$$I = \frac{\sum\limits_{i=1}\sum\limits_{j=1} w_{ij}(x_i - x)(x_j - x)}{S^2 \sum\limits_{i=1}^{n}\sum\limits_{j=1}^{n} w_{ij}} \quad (-1 \leqslant I \leqslant 1) \quad (4.13)$$

在式（4.13）中，$S^2 = \dfrac{\sum\limits_{i=1}^{n}(x_i - \overline{x})}{n}$ 为样本方差，w_{ij} 为空间权重矩阵的 (i, j)，$\sum\limits_{i=1}^{n}\sum\limits_{j=1}^{n} w_{ij}$ 为所有空间权重之和。

I 值为全局莫兰指数，从 I 值可以看出，如果 I 大于零，表示存在空间正相关关系，如果 I 小于0则存在空间负相关关系。

基于上文介绍的相邻矩阵，进行实体经济的全局莫兰指数分析。2005—2017年莫兰指数趋势图如图4.1所示。从图中可以看出，在大多数时期莫兰指数都显著大于零，也就是省际实体经济发展存在正相关关系。但是在2006年、2009年和2010年，莫兰指数为负值，这与当时所处的经济环境有着直接关系。从图中可以直观地看出莫兰指数从2010年开始逐渐升高，直到2015年有所回落，也就是2010—2015年期间，省际的实体经济发展呈现出较强的空间依赖关系，存在明显的空间正相关性。也就是表明实体经济发展水平高的地区相邻的概率也较大，或者实体经济发展水平低的地区相邻的概率也较大。从整体上看，莫兰指数呈波动上升的趋势，但是在2017年出现了明显的下降。根据莫兰指数的走势图可以看出，从整体而言，在空间上我国31个省和直辖市之间的实体经济发展不是随机状态，而且在地理分布空间依赖性上，省际存在正向依赖关系。

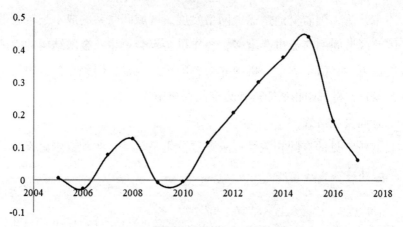

图4.1　实体经济的全局莫兰指数趋势图

3. 局部莫兰指数

由于全局莫兰指数存在一定的局限性，如果一部分区域实体经济发展是正相关，而另一部分区域实体经济发展是负相关，二者相抵后将无法对不同区域之间的空间差异性及分布特征进行描述。那么为了进一步分析不同区域实体经济的空间相关关系，本书将绘制实体经济发展局部莫兰指数散点图，由于篇幅有限，所以仅在图4.2中的（a）（b）（c）（d）四图中展示2013、2014、2015、2016年的局部莫兰指数散点图，图中由两个坐标轴划分为四个象限，这四个象限所表达的含义在表4.5局部莫兰指数集聚类型表中阐释，散点图中已标示出各省及直辖市所在的象限。可以看出，这四年的散点图都呈现出第一象限和第三象限聚集的现象。以2015年的局部莫兰指数散点图（c）为例，云南、湖南、广西、广东、安徽、江西、浙江、福建、海南、湖北、江苏、山东、重庆、贵州在第一象限，代表了实体经济发展水平高的地区被同样是实体经济发展水平高的地区包围，体现了正向空间自相关关系集群，实体经济发展集聚特征非常明显；而第三象限的青海、陕西、河北、甘肃、山西、辽宁、吉林、黑龙江、内蒙古表现出实体经济发展水平低的地区被实体经济发展水平低的地区包围，也是正空间自相关关系，同样具有实体经济发展集聚特征，但是强度比第一象限弱。上海和四川在第二象限，北京、西藏、宁夏、河南在第四象限，代表了负的空间自相关关系集群。天津和新疆跨越了两个象限，也属于负空间自相关区域。观察图4.2中的（a）（b）（c）（d）四图，坐落在第一象限和第三象限的省份较多，也就是大多数省份及直辖市都表现出较强的相关关系，并且东北三省在所展示的四年中都是"低–低"型，也比较符合我国经济现状。

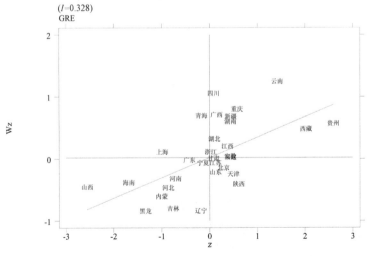

（a）2013年局部莫兰指数

图4.2　实体经济发展局部莫兰指数散点图

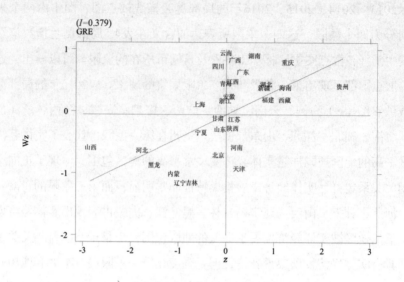

（b）2014年局部莫兰指数

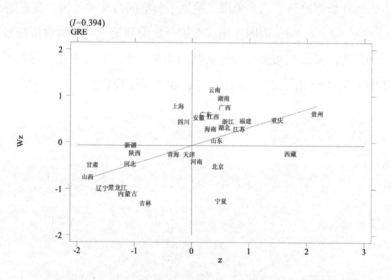

（c）2015年局部莫兰指数

图4.2　实体经济发展局部莫兰指数散点图（续）

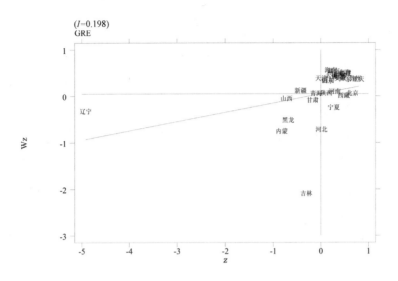

（d）2016年局部莫兰指数

图4.2　实体经济发展局部莫兰指数散点图（续）

表4.5　局部莫兰指数集聚类型

集聚类型	象限	含义
"高-高"型	第一象限	观测地区和相关地区的观测值都较大
"低-高"型	第二象限	观测地区的观测值较小，但相关地区观测值较大
"低-低"型	第三象限	观测地区和相关地区的观测值都较小
"高-低"型	第四象限	观测地区的观测值较大，但相关地区观测值较小

4.3　金融结构与实体经济发展溢出效应实证分析

通过上文的统计分析，可以看出省际实体经济发展具有较强的相关性，那么进一步研究金融结构与实体经济发展的溢出效应，也就是分析省际金融结构与实体经济发展的适配效应。

4.3.1 确定最优空间计量模型

在对省际面板分析中，目前学者们最常用的分析方法就是采用空间计量模型进行实证分析，为了使分析的结论更有价值、更有意义，本书需要选择适当的空间计量模型。

4.2.3已经对空间计量模型进行了初步简要的介绍，因此采用较常用的似然比检验方法来判断空间杜宾模型（SDM）、空间自回归模型（SAR）、空间误差模型（SEM）中最优的选择。检验结果如表4.6所示：

表4.6　似然比检验结果

原假设	SDM被包含在SAR中	SDM被包含在SEM中
LR chi2	14.95***	16.08***
P	0.003 6	0.002 4

注：*、**、***分别代表在10%、5%、1%的水平上显著。

第一个检验中，原假设（H_0）为SAR模型优于SDM模型，统计量在1%的水平上显著，P=0.003 6，可以看出结果是拒绝原假设，也就是SDM模型是更优的；进一步比较SDM和SEM模型，原假设（H_0）为SEM模型优于SDM模型，统计量在1%的水平上显著，P=0.002 4，可知拒绝原假设，接受备择假设，也就是SDM是最优的选择。那么根据似然比检验结果，下面将采用空间杜宾模型对金融结构与实体经济发展的溢出效应进行研究。

4.3.2 豪斯曼检验

采用固定效应模型还是随机效应模型直接影响着回归的准确度，在处理面板数据时，豪斯曼检验是一个常用的检验面板数据固定效应还是随机效应的处理方法。在确定了空间杜宾模型的基础上，本书将进行豪斯曼检验，结果如表4.7所示，豪斯曼检验统计量为正数，P值为0.000 4，在1%的水平下显著，故拒绝原假设，接受认为存在固定效应的备择假设。

表4.7　豪斯曼检验结果

	系数			
	（b）	（B）	（b-B）	sqrt(diag(V_b-V_B))
	固定效应	随机效应	差值	标准误差
FIS	0.047 310 9	−0.003 054 1	0.050 365	0.029 103 7
FMS	−0.006 099 7	0.083 770 8	−0.089 870 5	0.027 513
FS	0.006 138 9	0.004 005 6	0.002 133 3	0.003 070 9
OS	−0.002 497 9	−0.008 732 8	0.006 234 9	0.002 804 9
BS	−0.349 238	−0.079 914 7	−0.269 509 1	0.494 968
SIS	−0.042 112 8	−0.066 052 7	0.023 939 9	0.514 652 6
IIS	0.030 510 9	−0.003 988 1	0.034 499 1	

b = consistent under Ho and Ha; obtained from xsmle

B = inconsistent under Ha, eficient under Ho; obtained from xsmle

Test:　Ho:　ifference in coefficients not systematic

$$\text{chi2}(7) = (b\text{-}B)[(V\_b\text{-}V\_B)^{\wedge}(-1)](b\text{-}B)$$

$$=\quad 24.51$$

Prob>chi2 =　0.0004

(V__b-V_B is not positive definite)

4.3.3　空间杜宾模型检验

空间杜宾模型来源于空间自回归模型和空间误差模型，并弥补了这两个模型存在的不足。本节首先构建金融结构与实体经济发展水平的空间杜宾模型，如式（4.14）所示：

$$
\begin{aligned}
\text{GRE}_{it}=&\rho\sum_{j=1,j\neq i}^{N}W_{ij}\text{GRE}_{jt}+\gamma_1\text{FIS}_{it}+\gamma_2\text{FMS}_{it}+\gamma_3\text{OS}_{it}\\
&+\gamma_4\text{FS}_{it}+\gamma_5\text{BS}_{it}+\gamma_6\text{SIS}_{it}+\gamma_7\text{IIS}_{it}+\theta_1\sum_{j=1}^{n}W_{ij}\text{FIS}_{it}\\
&+\theta_2\sum_{j=1}^{n}W_{ij}\text{FMS}_{it}+\theta_3\sum_{j=1}^{n}W_{ij}\text{OS}_{it}+\theta_4\sum_{j=1}^{n}W_{ij}\text{FS}_{it}+\theta_5\sum_{j=1}^{n}W_{ij}\text{BS}_{it}\\
&+\theta_6\sum_{j=1}^{n}W_{ij}\text{SIS}_{it}+\theta_7\sum_{j=1}^{n}W_{ij}\text{IIS}_{it}+\mu_i+\varphi_t+\varepsilon_{it}
\end{aligned}
\tag{4.14}
$$

在式（4.14）中，i 代表各省及直辖市，t 表示年份，W_{ij} 为空间权重矩阵，ρ

为空间自回归系数，如果$\rho>0$表示存在正的外部性，反之如果$\rho<0$则表示存在负的外部性。μ_i和φ_t分别表示空间特定效应和时间特定效应。ε_{it}为随机误差项，服从$N（0，\sigma^2）$分布。

可以看出空间杜宾模型同时估计了被解释变量和误差项空间滞后项系数，避免了因遗漏变量而导致的估计参数偏差问题。根据豪斯曼检验结果，将采用固定效应模型对金融结构与实体经济发展水平的空间溢出效应进行估计。固定效应模型又可以分为时间固定效应、空间固定效应和时间空间双固定效应。为了保持分析的完整性，本章对三种固定效应都进行检验，检验结果如表4.8所示。可以看出，在三种类型的固定效应模型中空间自回归系数ρ（rho）都在1%的水平上显著为正，说明存在着显著的空间溢出效应。且三种类型的固定效应模型中R^2均大于0.9，说明固定效应空间杜宾模型拟合效果较好。

从第一列时间固定效应空间杜宾模型的实证结果来看，金融市场结构（FMS）和证券业结构（SIS）都与实体经济发展呈显著的正相关关系，金融开放结构（OS）与实体经济呈显著的负相关关系。融资结构（FS）、银行业结构（BS）与实体经济发展水平都呈正相关关系，金融产业规模结构（FIS）和保险业结构（IIS）都与实体经济发展呈反方向变动，但是系数并不显著。从空间滞后项来看，仅有银行业结构和证券业结构的交互项$W*BS$和$W*SIS$是显著的，也就是这两个指标的空间溢出效应较明显，可以初步判定银行业和证券业的结构能够通过地理空间机制对实体经济发展水平产生作用，但是由于这两者的系数都为负，因此产生的是反方向作用。其他解释变量金融产业规模结构空间交互项$W*FIS$、金融市场结构空间交互项$W*FMS$、融资结构空间交互项$W*FS$、保险业结构空间交互项$W*IIS$的系数都为正，但是从显著性来看系数并不显著，金融开放结构空间交互项$W*OS$的系数为负，但系数并未通过显著性检验。

从第二列空间固定效应杜宾模型的回归结果来看，金融产业规模结构（FIS）、融资结构（FS）、证券业结构（SIS）和保险业结构（IIS）都通过了显著性测试，且与实体经济发展水平呈显著的正相关关系，这与很多学者的研究结论都一致。而金融市场结构（FMS）、金融开放结构（OS）和银行业结构（BS）与实体经济发展呈正向变化，但是相关性不显著。从空间滞后解释变量来看，金融市场结构空间交互项$W*FMS$、融资结构空间交互项$W*FS$、银行业结构空间交互项$W*BS$的系数都在1%的水平上显著，且它们的系数都为负值，也就是说金融市场结构、融资结构和银行业结构都能够通过地理空间机制对实体经济发展水平产生作用，且作用是反方向的。保险业结构的空间交互项$W*IIS$的系数在5%的水平上显著，金融开放结构的空间交互项$W*OS$的系数在10%的水平上显著，且二者的系数都为正值，也就是说保险业结构和金融开放结构能够通过地理空间机制对相邻省份的实体经济发展产生正向影响。金融产业规模结构空间交互项$W*FIS$和证券业结构空间交互项$W*SIS$的系数未通过显著性检验。

从第三列时间空间双向固定效应的空间杜宾模型检验结果来看，仅金融产业规模结构（FIS）、金融市场结构（FMS）和金融开放结构（OS）的系数通过了显著性检验，其中金融产业规模结构和金融市场结构的系数为正，也就是金融产业规模结构和金融市场结构能够促进实体经济发展水平的提升，但是金融开放结构的系数为负，表明金融开放程度越大，反而越不利于实体经济发展。其他解释变量融资结构（FS）、银行业结构（BS）、证券业结构（SIS）和保险业结构（IIS）与实体经济发展水平的系数都为正，但是都没有通过显著性检验。从空间滞后项来看，金融市场结构空间交互项$W*FMS$、融资结构空间交互项$W*FS$和银行业结构空间交互项$W*BS$的系数都显著，其中金融市场结构空间交互项$W*FMS$的系数为正，也就是说在地理空间机制的作用下，金融市场结构能够对实体经济发展产生正向影响。而融资结构空间交互项$W*FS$和银行业结构空间交互项$W*BS$的系数都为负，说明通过地理空间机制的作用，金融市场结构能够对实体经济发展产生负向影响，制约实体经济发展水平的提升。其他几个解释变量的空间交互项系数均未通过显著性检验。

对比三种固定效应模型，空间固定效应杜宾模型的对数似然值（$\log L$）为738.149 6，小于时间固定效应和时空固定效应杜宾模型；空间固定效应的R^2为0.964，明显大于时间固定效应和时空固定效应杜宾模型，空间固定效应能够较好地拟合空间关系，回归结果的可信度也较高。并且，通过对系数和空间交互项系数的分析，空间固定效应检验结果中大多数系数都通过了显著性检验。因此综合以上指标结果，本章将采用空间固定效应的杜宾模型进行后续计量分析。

表4.8 空间杜宾模型估计结果

	（1）	（2）	（3）
变量	时间固定效应	空间固定效应	时间空间双向固定效应
FIS	−0.003 6	0.039 6*	0.052 5*
	（−1.38）	（1.71）	（1.68）
FMS	0.050 8**	0.020 2	0.077 5***
	（2.40）	（1.37）	（3.78）
OS	−0.010 7***	0.001 7	−0.005 7**
	（−3.82）	（0.65）	（−2.28）
FS	0.002 4	0.004 4***	0.001 1
	（0.73）	（2.59）	（0.52）
BS	0.000 5	0.000 8	0.000 3
	（1.00）	（1.33）	（0.50）
SIS	0.013 7**	0.012 0**	0.006 1
	（2.14）	（2.11）	（1.49）
IIS	−0.008 0	0.014 0*	0.004 0
	（−1.03）	（1.69）	（0.47）
W*FIS	0.002 4	−0.086 1	0.023 9
	（0.45）	（−1.56）	（0.44）
W*FMS	0.072 0	−0.129 0***	0.087 7*
	（1.50）	（−4.01）	（1.90）

续表

变量	（1） 时间固定效应	（2） 空间固定效应	（3） 时间空间双 向固定效应
W*OS	−0.004 6	0.014 9*	−0.004 7
	（−0.45）	（1.95）	（−0.48）
W*FS	0.004 5	−0.011 3***	−0.013 6***
	（0.83）	（−3.90）	（−4.39）
W*BS	−0.003 7*	−0.006 3***	−0.007 0**
	（−1.76）	（−2.63）	（−2.41）
W*SIS	−0.022 2**	−0.001 6	−0.013 9
	（−2.29）	（−0.15）	（−1.62）
W*IIS	0.011 6	0.063 5**	0.018 5
	（0.49）	（2.53）	（0.54）
rho	0.197 0***	0.614 0***	0.094 4*
	（3.83）	（19.74）	（1.79）
个体效应的特异误差	0.001 3***	0.001 3***	0.001 0***
	（4.33）	（4.33）	（3.33）
对数似然函数值	767.244 5	738.149 6	806.512 9
观测值	403	403	403
R^2	0.917	0.964	0.907
数据量	31	31	31

注：***、**、*分别表示在1%、5%和10%的水平上显著，系数下括号内为Z-统计量，W为空间权重矩阵。

4.3.4　空间杜宾模型效应分解

通过前文的分析，已确定空间固定效应杜宾模型结果的可信度较高，因此运用偏微分方法对金融结构与实体经济发展水平的效应进行估计，分为直接效应、间接效应和总效应，结果如表4.9所示。

在空间固定效应杜宾模型分解结果中，首先从表4.9第2列的直接效应中可以发现有部分指标的显著性水平较高，其中金融市场结构（FMS）和证券业结构（SIS）在5%的水平上显著，金融开放结构（OS）在1%的水平上显著，说明本地的金融市场结构、金融开放结构和证券业结构与实体经济发展水平的变动有着直接的关联，其中对实体经济发展水平产生正向影响的是金融市场结构（FMS）和证券业结构（SIS），当金融市场结构上升1%时，实体经济发展水平将提高0.065 3%；当证券业结构上升1%时，实体经济发展水平将提高0.013 1%。而金融开放结构与实体经济之间存在逆向溢出效应，也就是金融开放结构提升1%，将使得实体经济发展水平下降0.011 2%。其他变量对实体经济发展水平的直接效应并不显著。

从间接效应来看，在表4.9中的第3列，有四个指标包括金融产业规模结构（FIS）、金融市场结构（FMS）、融资结构（FS）和证券业结构（SIS）的间接效应系数都通过了显著性检验。其中金融产业规模结构、金融市场结构和融资结构都属于宏观金融结构，也就是说宏观金融结构是存在着溢出效应的，当本地的金融产业规模结构提升1%时，相邻地区的实体经济发展水平将提升0.319%；当金融市场结构提升1%时，相邻地区的实体经济发展水平将提升0.201%，可见金融产业规模结构和金融市场结构的溢出效应较大。但是这几个指标中除金融产业规模结构（FIS）和金融市场结构（FMS）外，其他指标的系数都为负数，也就是说溢出效应是逆向的。当本地的融资结构提升1%时，相邻地区的实体经济发展水平将降低0.026 7%；当本地的证券业结构提升1%时，相邻地区的实体经济发展水平将降低0.023 8%。

从总效应来看，在表4.9第4列中，宏观金融结构中的四个指标的显著性水平较高，其中金融市场结构（FMS）的系数在1%的水平上显著，金融市场结构（FMS）的系数为0.266 3，说明对于样本中的省及直辖市而言，金融市场结构每提升1%，对实体经济发展水平的边际效应为0.266 3%。融资结构（FS）、金融开放结构（OS）的系数在5%的水平上显著，融资结构提升1%，实体经济发展水平将降低0.024 8%；金融开放结构提升1%，实体经济发展水平将降低0.024 6%。金融产业规模结构（FIS）的系数在10%的水平上显著，金融产业规模结构提升1%，实体经济发展水平将上升0.319 5%。因此从总体来看，金融结构对实体经济发展存在显著的溢出效应，尤其是宏观金融结构溢出效应显著。

表4.9　空间固定效应杜宾模型效应分解结果

变量	直接效应	间接效应	总效应
FIS	−0.000 5	0.319 0**	0.319 5*
	（−0.02）	（2.57）	（1.90）
FMS	0.065 3**	0.201 0***	0.266 3***
	（2.10）	（2.93）	（3.31）
FS	0.001 9	−0.026 7***	−0.024 8**
	（0.70）	（−2.72）	（−2.08）
OS	−0.011 2***	−0.013 4	−0.024 6**
	（−4.15）	（−1.31）	（−2.07）
BS	−0.007 7	−0.024 9	−0.032 6
	（−1.17）	（−1.00）	（−1.10）
SIS	0.013 1**	−0.023 8**	−0.010 7
	（2.18）	（−2.07）	（−0.82）
IIS	0.538 0	1.741 0	2.279 0
	（1.03）	（0.87）	（1.01）

注：***、**、*分别表示在1%、5%和10%的水平上显著，系数下括号内为Z-统计量。

4.4 本章小结

在本章中，首先从宏观金融结构和金融行业结构两个方面进行分析，指出了我国宏观金融结构存在失衡的现状，而在金融行业结构中银行业挤占了大部分资源，企业更多地会选择间接融资渠道。分析结果表明目前我国金融结构与实体经济发展是不匹配的，并期望通过后续的实证分析，提出改善金融结构的相关建议，寻找金融结构与实体经济发展的适配方式。进一步，对我国31个省份及直辖市的数据进行实证分析，并将金融结构分为宏观金融结构和金融行业结构，分别构建二级指标体系，对所选取的指标进行面板单位根检验，建立空间面板模型，通过采用固定效应杜宾模型对我国宏观金融结构和金融行业结构与实体经济发展水平的分析，得出以下结论：

第一，空间固定效应杜宾模型分解的直接效应结果表明，本地的金融市场结构、金融开放结构和证券业结构对实体经济发展水平的变动有直接影响，其中金融市场结构和证券业结构对实体经济发展有正向作用。企业融资途径分为直接融资和间接融资，而直接融资主要是依靠在证券市场、债券市场发行股票和债券获取资金。证券业结构与实体经济发展水平的直接效应也体现出在我国企业融资过程中，通过证券市场获得的直接融资能够降低筹资成本，因此筹集的资金将大部分应用到企业自身生产经营中，这对实体经济的发展的促进作用是较大的。但同时也反映出我国企业发展中存在的问题，由于我国股票发行采取核准制，较为严苛，因此只有一些大型的企业才能在股票市场上筹集资金。对于一些成长型、初创型的中小企业而言，上市发行股票的难度较大，它们更多地还是需要通过向银行借款获得资金，这将使企业融资成本增加，但这并不是实体经济发展的最优的选择。随着我国逐渐放松对股票发行制度的限制，建立科创板市场，一些具有发展潜力的成长型企业也可以通过股票市场融资。从空间杜宾模型效应分解结果来看，这项政策是有利于实体经济发展水平提升的。宋玉臣也曾指出"根据股票市场与经济增长匹配周期理论，政府应加快中国股票市场的市场化建设步伐，使股票市场与经济增长匹配周期尽可能缩短。应使股票市场真正成为宏观经济变动的'晴雨表'，以便其更好地为经济增长提供金融支持"[①]。而金融开放结构与实体经济发展是反方向作用的，随着全球金融一体化进程的推进，金融开放格局是未来金融市场发展的方向，也是未来金融市场发展的必经之路，但是从结论来看，提升金融开放程度会降低实体经济发展水平，其中原因与我国金融市场的成熟度直接相关。我国金融市场较西方发达国家相比，起步较晚，又经历了多次金融危机的冲击。金融开放意味着要面临更多的国际金融风险，资金的流动会更具深度和广度。虽然我国金融市场在近些年发展速度较快，但成熟度依然不及西方发达国家。适度的开放有利于资金流动，例如开启沪港通扩大了金融开放和上海配置全球金融资源能级的程度，表现出资源配置能级水平逐渐上升，同时也推动了我国金融供给侧结构性改革的深化（潘慧，2019）。

第二，从间接效应来看，宏观金融结构存在溢出效应，尤其是金融产业规模结构和金融市场结构的溢出效应较大。分析其中原因可能是地理位置的邻近为金融资源流动提供了便利性，本书中金融产业规模结构指标是用金融机构数量来衡量的，金融市场结构指标是用证券交易额与金融机构存贷款余额衡量的，那么由于地理位置较近，相邻地区的金融机构之间以及证券交易和金融机构存贷款实现了金融资源的充分共享和有效互补，提升了实体经济发展的水平。但是这几个指标中除金融产业规模结构和金融市场结构外，其他指标的系数都为负数，也就是说溢出效应是逆向的。产生这样的逆向溢出效应，可能是因为相邻地区存在着竞争性，当某个区域宏观金融结构发生正向的改变时，相邻地区的企业或者居民会寻求更有利于自己的选择，并且相邻地区也会纷纷效仿，从而产生了恶性竞争，对相

[①]　宋玉臣. 市场有效周期理论的构建、实证及应用［M］. 北京：中国人民大学出版社，2015：240.

邻地区的实体经济发展产生了负向作用。

第三，可以从总效应来寻找金融结构与实体经济发展的适配方式。宏观金融结构对本地及相邻地区都有较明显的影响，其中金融产业规模结构和金融市场结构的影响是正向的，融资结构和金融开放结构的影响是负向的。而金融行业结构的影响程度较不显著，可能是我国金融业仍处于发展阶段，金融行业结构并未达到区域间的辐射效应，仅证券业结构对本地实体经济发展有正向促进作用，对相邻地区实体经济发展呈逆向溢出效应，可见金融行业结构仍亟待发展。那么基于总效应得到的结论，金融结构与实体经济的协调发展方式不仅要与本地区是适配的，也要考虑相邻地区的发展，提升金融结构中金融产业规模结构和金融市场结构能够带动相邻地区金融结构与实体经济发展水平，但是金融行业结构的提升对相邻地区影响不大，融资结构和金融开放结构的提升会制约相邻地区。

第5章　金融体系与实体经济发展适配效应分析：
基于金融效率动态效应视角

　　金融效率直接影响着金融体系对实体经济发展的资源配置能力，当金融效率处于高水平的经济环境时，实体经济的资金需求能够较快地得以满足，金融体系和实体经济的适配效应也更高。在本章中，首先阐述金融效率与实体经济发展的现状和存在的问题，然后对金融效率与实体经济发展水平之间的关系进行计量分析，以金融机构存贷比、储蓄占比和保险赔付比率衡量金融效率水平，构建静态OLS和固定效应、随机效应以及动态系统GMM模型，比较静态模型与动态模型的估计结果差异。最后从金融效率的角度分析金融体系与实体经济发展的适配效应。

5.1　金融效率与实体经济发展现状分析

　　金融体系最基本的功能就是资金融通，金融效率也可以称为资金转化效率，是金融活动所引发的直接效应。金融效率决定了金融成长的速度，是推动经济发展的关键。我国目前正处于经济新常态发展过程中，经济体制转型需要有大量的资本支持，金融市场汇集众多闲散资金，并发挥着将储蓄转化为具备投资功能的金融资本的作用，因此如何提高储蓄转化为投资的效率和能力就成为其关键性步骤，有效分配资源的现代金融体系对经济增长有着至关重要的作用。金融机构存贷比可以体现出储蓄转化为投资的效率，一方面金融机构通过发放贷款获得收益，另一方面经济建设、企业发展、居民消费都需要有金融机构提供资金。资金利用效率的高低主要体现为投资对部门发展状况的反应速度，当金融体系发挥其资源优化配置功能时，资本不断从资金利用效率低的部门转向资金利用效率高的部门。由于金融部门资金运用效率高于实体经济部门，投资者更倾向于将资金投入金融部门，过量的投资会导致金融泡沫的产生，不但加剧了金融风险，也阻碍了金融效率的提升，间接抑制了产业资本的形成。除此之外，金融市场汇集了各种微观、宏观的信息，为金融市场参与者、监管者、政策制定者等提供了一个便利的信息获取平台。

从我国近几年经济发展情况来看，金融推动实体经济增长的效率并未增强，主要从几点可以看出来，其一，经济增速与金融增速相背离。从图5.1　2014—2018年金融指标与经济增长指标增速中可以看出，我国金融机构存款增速保持在10%左右，金融机构贷款增速较高，数值在15%附近，近三年M2增速与金融机构存款增速相一致。从图中增速情况来看货币金融环境总体相对较平稳。但是从GDP增速来看，与这三个指标都呈反方向变动，在货币金融指标上升期，GDP表现出下行趋势，这反映出金融扩张对经济扩张的驱动效应逐渐弱化。其二，从图5.1中可以看出，2014—2018年社会融资规模增速波动剧烈且与经济增速相悖。2018年我国社会融资规模为19.26万亿元人民币，其中新增人民币贷款为15.67万亿人民币，当年GDP增量为8.45万亿人民币。2018年每新增1元的社会融资规模对应的产出为0.44元，每新增1元的贷款对应的新增产出为0.54元。而2016年、2017年社会融资规模对应的产出分别为0.32元、0.45元，每新增1元的贷款对应的新增产出分别为0.45元、0.63元。表现出金融资产对经济的边际促进效应呈波动趋势，从分析结果来看，金融资源服务经济发展的水平尚有待提高。

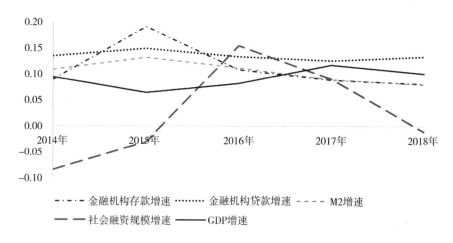

图5.1　金融指标与经济指标增速

数据来源：国家统计局公布数据。

造成金融支持实体经济发展效率较低的原因有以下几点：首先随着经济增长放缓，金融市场对经济增长的刺激效应也逐渐弱化。经济增长的潜在推动力是由供给侧来决定的，从劳动经济学角度来讲其中最为重要的就是劳动力、资本存量以及全要素生产率。那么从劳动力角度来讲，随着我国人口红利逐渐消失，必然会产生经济增速下降的结果。而从资本形成的角度来看，我国单位固定资产投资所形成的资本数量呈下降趋势，资本边际效率降低，结果同等投资增速对经济增速的拉动作用减少。因此，在全要素生产率一定的情况下，人口红利消失、资本形成效率下降，这两个因素将必然导致潜在的经济增速下降。然而面对潜在经济增速下行所导致的经济增长放缓，采取扩张性的货币政策，并以此来刺激需求、提高消费能力，其作用结果是有限的。货币政策能解决实际经济增长与潜在经济增长之间的偏差，但对于供给侧引起的经济增速下行，货币政策的效果并不明显。其次，实体经济较高的杠杆率也会对经济增长产生制约。适度的杠杆率有助于经济增长，但是杠杆率超过一定的临界值后，会产生抑制经济增长的效果，杠杆率与经济增长之间呈现出倒U形的关系（董翔宇 等，2020）。高杠杆率对经济产生抑制作用主要是因为实体经济债务和利息的负担会加重。随着经济增速下行，社会债务规模不会随着实体经济收益降低而减少，反而在实体经济收益下降的情况下，债务成本是更高的，甚至出现全年利息支出总额超过GDP增量的情况。高杠杆带来的高债务负担使得投资受阻，因而对社会投资形成制约。另外，产能过剩的行业占用了大量的金融资源，但是其利润却在下降。例如房地产业也吸收了大量金融资源，但是房地产业增加值在国民经济中占比同其所占用的金融资源相比，却呈现出不对称的情况。尽管我国在房地产领域投入的金融资源较多，无论是增量还是存量房地产领域占用的金融资源都较多，但是从房地产业的增加值来看，房地产业资金的产出效率较低，而房地产业对金融资源的吸纳较多，这会导致经济产出较高的实体经济部门资金供给产生挤出效应，对于改善金融资源向实体经济的投放是不利的。

与此同时，我国金融效率本身也存在一些问题有待完善。我国地域幅员辽阔，省与省之间的经济水平和金融发展水平差距较大，金融效率也具有明显的差异性。在我国实行计划经济时期，国有经济占主体地位，导致政府对经济过度干预，违背了经济运行的原则，因而降低了金融效率。虽然我国现在已走向市场经济，经济体制逐渐过渡到民营企业占主体，市场调节在经济中的比重有所提升，但中小企业仍难以获得金融资源。究其原因一方面是由于大型国企、央企在市场中所处的领先地位，使它们在获得金融资源方面仍然有绝对优势。另一方面金融信用基础设施不健全，存在信息不对称问题，也造成了中小企业融资成本高、融资效率低的现象。在金融体系不断发展的过程中，金融效率的确有了很大的提升，但是金融效率的提升是片面的、非均衡的。从需求侧来看，金融资源匮乏且成长潜力巨大的部门、行业、地区等，面临着迫切需求资金和难以实现有效供给之间的矛盾，需要改善这些部门、行业、地区的融资效率，以实现金融效率对经济高质量发展的推动作用。

从金融市场中举足轻重的资本市场来看，资本市场设立的初衷就是为了能够更好地实现资源优化配置，更好地分散市场风险，并且实现财富管理功能，从而提升金融市场的资金利用能力，推动实体经济发展。实际上，资本市场功能是否全面地发挥作用，还取决于其资金利用效率，特别是存量资源配置效率以及证券定价的效率。因此，资本市场效率是判断市场质量的重要维度。就我国目前资本市场而言，以股票市场为例，即使监管机构的制度越来越严格，但市场上仍然存在一些违规行为，例如2015—2018年金利华电实际控制人操纵自家公司股票；2017年2—5月北八道集团有限公司及其实际控制人组织操盘团队，操纵"张家港行""江阴银行"等多只次新股……市场操纵会导致股票交易成本上升，并且使得市场有效性降低、流动性下降。除此之外，内幕交易及利用未公开信息交易案件也时有发生，严重影响了股票市场秩序。高质量的信息传递是提升金融效率的关键，在有效的金融市场中，完善的信息披露机制能够降低交易成本、减少信息不对称带来的影响。

在金融供给侧结构性改革中，需要高质量的金融资源为实体经济发展提供动力，金融效率的高低影响了金融资源向实体经济所需资源转化的能力。在金融市场不断发展的过程中，不断产生新的金融工具，通过金融工具的创新提供更符合投资者需求的金融产品，通过完善信息披露制度，投资者可以更加全面精确地判别优质企业，监管者也能够及时观察金融体系运行状况，同时由于信息揭示机制的反馈作用，金融体系服务于实体经济的效果也能够及时反映到金融市场中，对政策制定者调整政策作用强度有较好的参考价值。另外，在信息充分的情况下，股票市场实现了有效市场，进而资本市场效率得以改善，又使金融服务实体经济的效率得以提高。

5.2　金融效率与实体经济发展基本分析

5.2.1　样本选择及数据来源

本书选取我国31个省份及直辖市的数据进行计量分析，在收集整理数据的过程中发现，各省市统计的指标起始时间不同，公布数据的完整度各异，尤其是偏远地区较早年份数据缺失现象严重。本书为了保持数据的完整性，选取31个省市数据完整公布的年度为样本。经过筛选本节将选取2003—2017年全国31个省及直辖市的面板数据为样本分析金融效率与实体经济发展的关系。数据来源于Wind数据库、中经网统计数据库、《新中国六十年统计资料汇编》、国家统计局公布的国家数据以及各省及直辖市的统计年鉴。

5.2.2　变量定义

1. 被解释变量

实体经济发展水平（GRE）采用实体经济增长率来衡量，大部分学者都是将地区或者国内生产总值剔除金融业和房地产业产值作为实体经济的衡量指标，本章中也将遵循以往学者的划分方式。

2. 核心解释变量

由于本章主要研究的是金融效率对实体经济发展水平的影响，而金融效率包含的因素较多，本章通过最主要的三个方面来衡量金融效率，第一个指标是金融机构存贷比（DLR），体现了金融机构资金运用效率，存贷比高说明金融机构通过贷款获得盈利的能力较强，但同时抵抗风险的能力较低。第二个指标是储蓄占比（SR），体现了居民对货币的需求水平，也反映了金融体系的储蓄动员能力，如果储蓄占比较高，则说明居民对货币的需求量少，消费活力不足，进而投资效率降低。第三个指标是保险赔付比率（IIR），反映了保险公司理赔的效率，发达国家保险观念较强，保险赔付比率相对较高。

3. 控制变量

由于影响实体经济发展的因素比较多，为了避免因控制变量过多而出现的多重共线性问题，本章中将选取相关系数不高的几个指标作为主要控制变量。根据Levine等（2000）、李青原（2013）以及李健等（2018）等的研究，本书选取以下变量作为控制变量：通货膨胀率采用居民消费价值指数（CPI）作为通货膨胀率的代理指标。财政支出占比（Gov）采用财政一般预算支出占名义GDP的比重来衡量，反映了政府对经济的干预程度。失业率在进行分析时采用各省市公布的失业率（UE）。对外开放程度（Open）即进出口总额占GDP的比重。本节所涉及的指标如表5.1所示。

表5.1 金融效率相关变量

变量类型	变量名称	变量符号	变量定义
被解释变量	实体经济发展水平	GRE	RE_t=GDP$_t$−金融业产业增加值−房地产业增加值 GRE$_t$=（GRE$_t$−GRE$_{t-1}$）/GRE$_{t-1}$
核心解释变量	金融机构存贷比	DLR	金融机构贷款余额/金融机构存款余额
	储蓄占比	SR	居民储蓄/GDP
	保险赔付比率	IIR	保险赔付支出/保费收入
控制变量	通货膨胀率	CPI	
	财政支出占比	Gov	Gov=地方财政一般预算支出/GDP
	失业率	UE	
	对外开放程度	Open	Open=进出口总额/GDP

5.2.3 描述性统计分析

从表5.2省际面板数据描述性统计结果来看，实体经济发展水平（GRE）的标准差较小，波动相对较低，而通货膨胀水平（CPI）、失业率（UE）、金融机构存贷比（DLR）的标准差相对较大，说明波动较强。其中原因可能是我国省份之间存在较大的区域差异，北京、上海、广东省等金融效率也会远高于东北、西北地区的省份。从最大值和最小值的差来看，金融结构存贷比（DLR）、储蓄占比（SR）的极值差较大，也表现出地区之间、不同年份之间的差异。

表5.2 描述性统计结果

变量	GRE	DLR	SR	IIR	CPI	Gov	UE	Open
平均值	0.128	0.764	0.758	0.299	102.686	0.235	3.562	0.312
中位数	0.130	0.726	0.700	0.302	102.250	0.193	3.630	0.132
最大值	0.274	7.895	7.220	1.846	110.090	1.379	6.500	1.721
最小值	−0.280	0.074	0.028	0.000	97.650	0.079	1.210	0.017
标准差	0.064	0.592	0.432	0.114	1.862	0.182	0.697	0.385
偏度	−0.742	11.142	8.850	4.917	0.593	3.907	−0.622	2.030
峰度	5.975	133.475	116.41	75.402	3.465	21.319	5.335	6.275
雅克-贝拉检验	214.177	339 454	255 278	103 439	31.413	7685.4	135.667	527.17
P值	0.000	0.000	0.000	0.000	0.000	0.000	0.000	0.000
总和	59.641	355.197	352.38	138.82	47748.98	109.39	1656.55	144.96
方差和	1.91876	162.527	86.452	6.028	1608.332	15.343	225.095	68.936
观测值	465	465	465	465	465	465	465	465

5.3 金融效率与实体经济发展动态效应实证分析

5.3.1 系统GMM模型的构建

相比于时间序列数据,采用面板数据分析方法能够消除由于个体差异带来的总体估计偏差。但是在经济增长中,内生性是较为常见且十分棘手的问题,内生性的存在会使得模型估计结果发生偏倚。而工具变量在实证分析中的作用就尤为突出,因此需要先从统计上检验工具变量的有效性,找到有效的工具变量,从而利用工具变量来检验解释变量的内生性。如果扰动项存在异方差或者自相关,那么广义矩估计(generalized method of moments,简记GMM)是更为有效的方法。

　　根据上文选取的指标，以金融机构存贷比（DLR）、储蓄占比（SR）和保险赔付比率（IIR）为核心解释变量，以通货膨胀率（CPI）、财政支出占比（Gov）、失业率（UE）和对外开放程度（Open）为控制变量构建基本GMM模型：

$$GRE_{it}=\beta_0+\beta_1DLR_{it}+\beta_2SR_{it}+\beta_3IIR_{it}+\beta_4CPI_{it}$$
$$+\beta_5Gov_{it}+\beta_6UE_{it}+\beta_7Open_{it}+\mu_{it}+\varepsilon_{it} \quad\quad （5.1）$$

　　在式（5.1）中，下角标 i 表示地区，t 表示时间，μ_{it}表示不可观测的地区效应，ε_{it}为随机扰动项。式（5.1）仅考虑了静态面板的情况，主要是借助固定效应模型（FE）和随机效应模型（RE）进行估计。但是忽略了实体经济发展水平（GRE）动态特征与金融效率之间存在的相互影响效应，因此在式（5.1）中加入实体经济发展水平（GRE）的滞后一期，得到如下动态模型：

$$GRE_{it}=\beta_0+\beta_1DLR_{it}+\beta_2SR_{it}+\beta_3IIR_{it}+\beta_4CPI_{it}$$
$$+\beta_5Gov_{it}+\beta_6UE_{it}+\beta_7Open_{it}+\beta_8GRE_{it-1}+\mu_{it}+\varepsilon_{it} \quad\quad （5.2）$$

　　Blundell等（1998）将差分GMM和水平GMM结合在一起，综合考虑了差分GMM和水平GMM在分析时的优势，将差分方程与水平方程作为一个方程系统进行GMM估计，也就是系统GMM模型。与差分GMM相比系统GMM可以提高估计的效率，因此本节将采用系统GMM方法进行回归估计。

5.3.2　面板单位根检验

　　由于本节是对省际面板数据进行门槛效应检验，因此在做实证分析之前要对面板数据进行单位根检验，以判断样本数据是否为平稳面板，这对后续实证建模具有重要的参考价值。本书在第4章中，已经对几种常用的面板单位根检验方法进行详细说明，在本章不再进行赘述。根据以往学者的分析判断，依据"少数服从多数"的原则，对某指标单位根检验时，如果大多数方法检验是平稳的，则判断该指标平稳。采用第4章介绍的几种单位根检验方法对本章所选取指标进行单位根检验之后，面板单位根检验结果显示样本数据不存在单位根，都满足平稳过程，因此可以进行后续实证建模。

5.3.3 动态关系实证检验

根据构建的模型本节进行回归分析，但是在进行动态面板GMM回归分析之前，分别进行了最小二乘法估计（OLS）、静态面板固定效应估计（FE）和静态面板随机效应估计（RE），最后进行系统GMM估计。但是静态面板计量模型忽略了被解释变量滞后项对其自身的动态影响，估计结果相对于动态面板计量模型会产生较大偏误，建立静态面板计量模型的目的是为了和动态面板计量结果进行比较。表5.3展示了静态面板模型和动态面板模型的基本回归结果。

模型（1）为最小二乘法（OLS）估计结果，该模型没有考虑个体异质性。第（2）个模型为固定效应模型（FE）的估计结果，该模型考虑了个体异质性。第（3）个模型为随机效应模型（RE）。静态估计模型没有考虑被解释变量GRE的滞后项对其本身的动态影响。第（4）个模型为系统GMM模型，避免了GRE的滞后项的内生性问题引起的偏误。

通过对比可以发现，系统GMM模型估计系数更显著，优于静态面板模型的估计结果。从系统GMM模型估计结果来看，金融机构存贷比（DLR）的系数正负性发生变化，但是储蓄占比（SR）和保险赔付比率（IIR）的系数都是正数。从控制变量来看，除财政支出占比（Gov）为负数外，通货膨胀率（CPI）、失业率（UE）和对外开放程度（Open）都是正数。豪斯曼检验结果为89.06，大于零，表明静态面板回归应该选择固定效应模型更为适合。系统GMM检验满足AR（1）小于0.05，AR（2）大于0.05，说明扰动项的差分存在一阶自相关，但不存在二阶自相关，因此接受原假设"扰动项无自相关"，可以使用系统GMM估计。由于存在内生性问题，因此需要检验工具变量是否存在过度识别问题，Sargan检验和Hansen检验都可以判断工具变量过度识别问题，但是Sargan检验和Hansen检验的结果可能是不一样的，Sargan统计量较不稳定，但不受工具变量过多的影响，而Hansen统计量虽然稳健，却可能因为工具变量过多而失效。本节选取Hansen统计量作为参考，结果P值大于0.1，故接受"所有变量都有效"的原假设。同时，由于P值远小于1，故也不存在由于工具变量过多而失效的问题。因此，本节采用系统GMM估计所使用的工具变量是有效的。

从系统GMM回归结果来看，核心解释变量金融机构存贷比（DLR）、储蓄占比（SR）和保险赔付比率（IIR）的回归系数都为正，且都在1%的水平上显著，也就是说金融效率的三个指标都能够促进实体经济发展。从这三个指标作用大小来看，保险赔付比率（IIR）对实体经济的推动作用最大，当保险赔付比率提升1%时，对实体经济发展水平的边际效应是0.309%；其次是储蓄占比（SR），当储蓄占比提升1%时，将导致实体经济发展水平提升0.0124%；但是金融机构存贷比（DLR）对实体经济发展的影响并不大，金融机构存贷比每提高1%，对实体经济发展水平带来的边际效应是0.0022%。金融效率中这三个方面对实体经济的影响产生差异的原因，其实与我国金融市场的发展有较大的关联性。我国金融机构所吸收的存款和发放的贷款都较多，资金量充足，但是大量的存贷款并不意味着金融机构是高效运行的，适当的存贷比有利于实体经济发展，但是过高的存贷比对实体经济的推动作用微乎其微。而保险业发展相对缓慢，仍有较大发展和完善的空间，因此保险业效率的提高，对实体经济发展的边际效用是较大的。

从控制变量的回归结果来看，通货膨胀率（CPI）、失业率（UE）和财政支付占比（Gov）的系数都是显著的，而对外开放程度（Open）的系数不显著，说明目前我国的金融市场中，对外开放程度还不足以影响实体经济的发展。通货膨胀率和失业率的系数都为正数，以往的研究，认为适度的通货膨胀是有利于经济发展的，但是菲利普斯曲线也表明失业率和通货膨胀率之间存在替代关系，如何平衡失业率和通货膨胀率之间的关系一直是经济学家的研究重点，这对研究经济增长也具有重要意义。

表5.3 基本回归分析

变量	（1）	（2）静态模型	（3）	（4）动态模型
	最小二乘估计	固定效应	随机效应	系统GMM
L.GRE				0.135*
				（1.70）
DLR	0.001 7	−0.003 1***	0.000 8	0.002 2***
	（0.04）	（−3.45）	（0.40）	（3.75）
SR	0.010 6	0.010 7***	0.011 1	0.012 4***
	（1.57）	（3.37）	（1.48）	（5.48）
IIR	0.117 6*	0.100 3	0.116	0.309***
	（1.67）	（1.37）	（1.56）	（3.03）
Gov	−0.002 5**	−0.175 6	−0.011 0	−0.236*
	（−2.01）	（−1.35）	（−0.31）	（−1.65）
CPI	0.018 3***	0.017 0***	0.018 2***	0.016 2***
	（15.30）	（15.20）	（14.59）	（9.43）
UE	0.013 5***	0.023 8	0.018 0**	0.015 1**
	（2.69）	（1.56）	（2.18）	（2.50）
Open	0.011 8*	0.079 6**	0.016 9	0.046 7
	（1.74）	（2.53）	（1.15）	（0.22）
常数	−1.760***	−1.647***	−1.766***	−1.665***
	（−13.93）	（−12.92）	（−13.59）	（−13.12）
豪斯曼		89.06		
AR（1）（P值）				0.001
AR（2）（P值）				0.319
Hansen（P值）				0.206

注：***、**、*分别表示在1%、5%和10%的水平上显著，系数下括号内为T统计量。

5.4　本章小结

在本章中，首先阐述了金融效率与实体经济发展的现状和存在的问题，进一步对金融效率与实体经济发展水平之间的关系进行计量分析，以金融机构存贷比、储蓄占比和保险赔付比率衡量金融效率水平，构建静态OLS和固定效应、随机效应以及系统GMM模型，结果表明系统GMM模型拟合效果更好。

通过实证分析结果可以看出金融效率与实体经济发展水平之间存在正向相关关系，回归系数都通过了显著性检验。其中保险赔付比率与实体经济发展之间的相关关系最强，边际效应最大；其次是储蓄占比，储蓄占比提高1%，对实体经济发展水平的边际效应是0.012 4%；最后是金融机构存贷比对实体经济发展水平的促进作用相对较小。原因是我国金融机构吸收存款和发放贷款的能力较强，资金量充裕，充足的资金是金融体系平稳运行的基础，但是大量的存贷款并不意味着金融体系是高效运行的，适当的存贷比有利于实体经济发展，但是过高的存贷比对实体经济的推动作用微乎其微。储蓄占比体现了居民对货币的需求，也反映了金融体系的储蓄动员能力，适当提升的储蓄占比也说明金融体系吸收存款的能力增强。而我国保险业发展相对于银行业和证券业有些滞后，仍有较大发展和完善的空间，从实证结果来看保险业效率的提高对实体经济发展的边际效用是较大的。

因此综合以上的分析，金融效率仍有待提高，金融效率本身发展就是不平衡的，金融机构存贷比高，储蓄占比适中，但是保险业效率较低。提升金融效率与实体经济发展的适配性，要立足于提升金融体系资源配置效率，从实证结果来看，首要任务就是提升保险业效率，补齐金融效率的短板。

第6章　金融体系与实体经济发展适配效应分析：
基于金融规模门槛效应视角

　　将金融规模视为金融资产数量上的增加是片面的，在一定的经济发展状态下，金融资产数量的堆积更易引发金融过度，抑制金融资产周转效率。本章首先对金融规模与实体经济发展的现状进行分析，然后对金融规模与实体经济发展的相关理论进行梳理。在实证分析部分，分别采用全国时间序列数据和省际面板数据，以金融规模为门槛变量，以金融发展为解释变量，实体经济发展为被解释变量，进行金融规模的门槛效应检验，分别检验单一门槛和双重门槛的存在性。最后通过改变控制变量的方式进行稳健性检验。最终得到适配的金融规模，使得金融体系服务实体经济效率最高。

6.1　金融规模与实体经济发展现状分析

　　金融规模是金融发展最直接的体现，金融规模的过度扩张会加剧金融体系的脆弱性，加大金融系统风险。我国资本市场经过了30多年的发展逐渐形成多层次的体系，截至2017年底，我国股票总市值超过56万亿元，流通市值接近45万亿元。虽然股票市场规模较大，但是我国仍存在"重债轻股"的局面，中小企业"融资难、融资贵"的问题使得它们更多地依靠银行的债权融资，非常不利于金融体系健全发展。金融市场具有自发的优化资源配置功能，随着货币投放量不断上升，资金必然会流向利用效率更高的部门，金融市场流动性过剩，结果产生高投机和高泡沫。投机者出于逐利性将更多资金投向回报快、利润高的金融市场中，而不愿投向资金流转周期长、收益低的实体经济，减少了实体经济的资金供给。由于资金不足，实体经济扩张的意愿有所下降，投资者投资意愿又降低，最终导致恶性循环。资金供需矛盾致使金融体系服务实体经济的效率较低。在2008年金融危机与全球经济失衡的冲击下，我国政府实施宽松的货币政策，增加货币发行量，金融规模急剧增加。我国M2增速通常在15%左右，M2/GDP是度量货币化率的近似指标，一般认为一国的货币化率不可能高于1，但我国2003年至今的货币化率都大于1，M2/GDP近似到达2.0，2019年4月中国人民银行公布的最新数据广义货币（M2）余额达188.47万元，同比增长8.5%。高货币化率与我国金融体系结构、外汇体系、高储蓄率等直接相关（吴建军，2007）。结合社会融资增加值可知，参与实体经济循环的货币增加量上涨幅度不大，增加的M2只有少部分进入实体经济生产与再生产过程。因此无论从融资规模还是投资规模而言，都需要改善金融体系融资制度，满足更多的中小企业的融资需求，进而推动产业发展。另外调整货币供给制度，提高储蓄转化为投资的效率，才能够真正提高金融服务于实体经济的能力。

图6.1中以金融总资产作为金融规模的衡量指标，金融总资产占GDP的比重呈稳健上升趋势，2014年之后超过200%，高于大多数发达国家水平。直观地看金融规模增长较大，通过金融规模的扩张来加速经济复苏看似达到了效果。从量上来看，金融规模发展缓解了金融危机造成的经济低迷。但是从质上来看，存在一定的负面影响，金融发展格局不足，这主要体现在金融效率不均衡上。因此，一味地追求金融规模扩大只是"治标不治本"的策略，应该考虑金融规模的适度性，均衡金融发展的"量"和"质"，单纯追求量的堆积不仅会造成资源浪费，还会阻碍经济高质量发展。因此应该合理控制金融规模的增长速度，配置和优化金融资产结构。

图6.1 金融总资产占GDP的比重

数据来源：中国人民银行。金融总资产为中国金融机构人民币收支表中的资金来源总计，包括各项贷款、金融债券、流通中货币、境外筹资、外汇买卖等。

金融市场在提升储蓄率和储蓄向投资转化率方面具有较大的优势，并且金融市场具有扩大信贷规模、提高资本配置效率等功能。在发达国家私人部门信贷总额占GDP的比重接近1，而在一些欠发达地区私人部门信贷总额占GDP的比重仅为20%左右，远低于发达国家的水平。相比于金融体系的脆弱，欠发达国家中影响经济增长的因素更多也更棘手，在此阶段首要解决的是其他更重要的问题，金融体系的发展被置于次要地位，因此金融发展对实体经济的推动作用不会很显著。当经济发展到一定程度后，金融发展的边际效应会增加并大于边际成本，对实体经济的贡献随之增加，因此体现出金融发展与实体经济发展的非线性关系。金融发展最直观的体现就是金融规模存量的增加。我国私人部门信贷也面临着一些问题，中小型企业难以通过直接融资的方式获得资金，实体经济扩张受到一定程度的限制，无法产生规模效应，进而巨头企业获得的资金越来越多，而中小企业的资金需求得不到满足，只能进行产业链的低端生产活动。这使得中小企业的规模受到严重制约，生产效率难以提高，不利于实体经济产出水平的增加，更不利于金融资源优化配置。

此外，金融规模对实体经济的影响还体现在金融体系具有内在不稳定性，随着金融体系的发展它会更趋向于复杂化和虚拟化。金融资本具有逐利性的特征，会自发地从生产效率低的部门转移到生产效率高的部门，随着金融体系的变化，金融资本也会随之转移，那么金融规模也将发生较大变化，对稳定性会产生更多考验，致使金融体系本身的稳定性进一步下降，这种非稳定状态最终会传递给实体经济，一方面生产效率高、发展前景好的实体部门能够获得更多金融资源，而另一方面，生产效率低的实体部门，其金融资源必将减少。实体经济失衡最终会导致实体经济增长受阻碍。由此可以看出，金融规模扩张的增长效应并不是一成不变的，也并非不是正向的，随着金融规模的扩大，金融发展对实体经济的作用是不确定的，它取决于正负效应的程度，金融发展不足或者发展过度都可能阻碍实体经济的发展。

与此同时，学者们也意识到金融体系在促进经济发展时会产生额外的成本，即金融部门的扩张和维护也需要投入实体资产。然而这些实物资产是从实体经济部门转移出来的，因此将这些资产转移到金融部门就产生了机会成本。如果这些资产转移到金融部门所产生的边际效应是低于其在实体经济部门时的边际效应，那么金融部门的扩张对实体经济的增长就会产生负面影响。除了实体资产外，现代金融体系的高产出和繁荣发展还需要投入大量的专业人力资本，这种专业人才的需求致使金融业从业人员的收入水平提高，那么将吸引一些人才从实体部门流出，转移到金融部门。长此以往，就要导致社会平均劳动成本上升，实体经济难以用较低的成本雇用人才，如果想留住人才将提高其成本，这将阻碍实体经济的进一步深化发展。从经济学的角度讲，金融部门对人才的需求导致实体经济部门人才流出，并提高了雇佣人才的成本，对经济总体而言打破了原有的帕累托均衡。

因此有学者提出最优金融规模理论，认为在某一时期存在与该经济体各方面特征相适应的金融部门与实体部门之间的比率，这个比率即为最优金融规模。苏基溶等（2010）研究了影响一国最优金融规模的因素，认为最优金融规模是由经济发展和人力资本存量共同决定的。他们认为金融发展能够产生高收益，并且有降低风险、减少预防性储蓄的功能。

6.2 金融规模与实体经济发展基本分析

6.2.1 样本选择及数据来源

本章在对金融规模的门槛效应进行检验时，将检验分为两部分，分别为对全国数据进行时间序列门槛效应检验，以及对省际数据进行面板门槛效应检验。但是二者选取的样本时间长度有所差异，在进行省际面板数据分析时，由于省际数据统计的起始时间较晚，因此选用的是1993—2017年的数据进行分析；而在对全国样本进行分析时，首先对1993—2017年的数据进行了门槛效应检验，但是由于时间序列数据长度过短，导致结果并不显著。但是全国数据的特点就是数据丰富、全面、更新及时，因此本章增加了全国时间序列数据的样本时间长度，重新选取1953—2018年的数据作为研究样本。本章的原始数据来自中经网统计数据库、Wind数据库、国家统计局数据库、省及直辖市的《统计年鉴》。

6.2.2 变量定义

（1）被解释变量

实体经济发展水平（GRE）采用实体经济增长率来衡量，大部分学者都是将地区或者国内生产总值剔除金融业和房地产业产值作为实体经济的衡量指标，本章也将遵循以往学者的划分方式。

（2）核心解释变量

金融发展水平（FD），学者们对金融发展问题进行研究时，金融发展水平的衡量指标并未达成一致的观点。在以往的研究中，黄智淋等（2013）在研究金融发展与经济增长的非线性关系时，采用金融结构各项贷款占GDP的比重来衡量金融发展水平，在进一步分析时采用金融机构人民币各项存款余额和贷款余额和占当年GDP的比重来度量金融发展水平。杨友才（2014）的研究中采用金融机构贷款余额与GDP的比例来度量金融发展水平。考虑到银行部门的政策导向性贷款，Arcand等（2015）选取私人信贷与GDP的比值来衡量金融发展。Muhammad等（2016）采用 M2/GDP、私人信贷/GDP共同衡量金融发展水平。夏璋熙等（2019）使用股市交易额和贷款余额之和与GDP的比值来衡量。本书对比了几种衡量方法，经过检验最后选取金融机构人民币贷款余额和金融机构人民币存款余额的和与名义GDP的比来度量金融发展水平。

（3）门槛变量

本书分析的重点在于金融规模的门槛效应，但是以往学者对金融规模的定义也没有一致标准，朱玉杰等（2014）以金融机构人均贷款余额的对数来衡量金融规模。徐晔等（2016）通过计算货币市场交易总额、股票债券期货市场交易总额、黄金外汇市场日均交易额的权重构建了金融规模指标。李文艳等（2016）采用金融机构人均各项贷款余额表示金融存量规模。在选取门槛变量时参考学者们的衡量方式，本书构建金融规模存量指标作为金融规模门槛变量。金融规模存量指标（lnFSS）是对金融机构人民币存款和贷款的总额取自然对数。

（4）控制变量

由于影响实体经济发展的因素比较多，为了避免因控制变量过多而出现的多重共线性问题，本章将选取相关系数不高的几个指标作为主要控制变量。根据Levine等（2000）、李青原（2013）以及李健等（2018）等的研究，本书选取以下变量作为控制变量：通货膨胀率，在对省际面板数据分析时，直接采用居民消费价值指数（CPI）作为通货膨胀率的代理指标。但是在对全国时间序列数据分析时，由于CPI指标是从1978年开始统计，1953—1977年的数据缺失，因此本章在分析时间序列门槛效应时用商品零售价格指数（RPI）代替CPI。财政支出占比（Gov）采用财政一般预算支出占名义GDP的比重来衡量，反映了政府行为对经济的干预程度。在选取失业率指标时，面板数据采用各省市公布的失业率（UE），但是城镇登记失业率是从1978年开始统计的，样本中1953—1977年数据缺失，因此用城镇就业人数的对数（EP）来代替失业率。对外开放程度（Open）即进出口总额占GDP的比重。工业增加值占比（IAV）采用工业增加值与名义GDP的比值来衡量。本章所涉及的指标如表6.1所示。

表6.1 金融规模变量相关指标

变量类型	变量名称	变量符号	变量定义或说明
被解释变量	实体经济发展水平	GRE	$RE_t=GDP_t-$金融业产业增加值$-$房地产业增加值 $GRE_t=(GRE_t-GRE_{t-1})/GRE_{t-1}$
核心解释变量	金融发展水平	FD	FD=（金融机构人民币贷款总额+金融机构人民币存款总额）/GDP
门槛变量	金融规模存量	lnFSS	lnFSS=ln（金融机构人民币贷款余额+金融机构人民币存款余额）
控制变量	通货膨胀率	CPI、RPI	面板数据用CPI衡量，时间序列数据用RPI衡量
	财政支出占比	Gov	Gov=地方财政一般预算支出/GDP
	失业率	UE、EP	面板数据用UE衡量，时间序列数据用EP衡量
	对外开放程度	Open	Open=进出口总额/GDP
	工业增加值占比	IAV	IAV=工业增加值/GDP

6.2.3 描述性统计分析

本章在分析金融规模时分别对全国的时间序列数据和省际面板数据进行门槛效应分析，因此分别对时间序列数据和面板数据进行描述性统计。对全国样本数据描述性统计结果如表6.2所示，对全部省际面板数据总体的描述性统计结果如表6.3所示。

从表6.2中可以看出，在样本期间实体经济增长率（GRE）基本保持在10.9%的水平，最高值达到31%，最低值为-17.6%，但是实体经济增长率基本是稳定的。金融发展水平（FD）平均值为1.57，金融规模存量（lnFSS）均值为9.978，但是它的波动性较大，标准差为2.9。从描述性统计结果来看，各变量之间相差较大，实体经济增长率（GRE）、财政支出占比（Gov）的标准差都较小，说明这几个指标的变动较小。

表6.2 全国时间序列数据描述性统计结果

变量	GRE	FD	lnFSS	RPI	Gov	EP	Open	IAV
平均值	0.109	1.57	9.978	102.8	0.133	10.77	0.248	0.119
中位数	0.103	1.270	9.418	101.255	0.132	10.831	0.235	0.121
最大值	0.31	3.486	14.96	121.7	0.166	11.26	0.642	0.426
最小值	−0.176	0.294	5.491	94.1	0.09	9.969	0.049 2	−0.446
标准差	0.078 8	0.922	2.9	5.288	0.013 7	0.434	0.175	0.124
偏度	−0.534	0.571	0.267	1.853	−0.318	−0.363	0.579	−1.365
峰度	4.963	2.058	1.66	6.398	4.093	1.668	2.173	8.665
雅克-贝拉检验	13.738	6.024	5.723	69.515	4.402	6.328	5.571	108.728
P值	0.001	0.049	0.057	0.000	0.111	0.042	0.062	0.000
总和	7.19	103.6	658.6	6 783	8.755	711	16.38	7.844
方差和	0.404	55.216	546.559	1 817.495	0.012	12.237	1.981	0.998
观测值	66	66	66	66	66	66	66	66

从表6.3省际面板数据描述性统计结果来看，实体经济发展水平（GRE）、金融规模存量（lnFSS）、财政支出占比（Gov）以及对外开放程度（Open）都与全国数据较相近，而金融发展水平（FD）与全国数据相差较大，尤其极值之间相差较大，从该数据结果可以简单地判断我国省际金融发展水平存在较大的区域差异，在实际情况中北京、上海、广东省等金融发展水平远高于东北、西北地区的省份。另外，工业增加值占比（IAV）也有少许差异，这也与地区之间的工业水平有较大关联。

表6.3 省际面板数据描述性统计结果

变量	GRE	FD	lnFSS	CPI	Gov	UE	Open	IAV
平均值	0.137	10.936	9.264	104.361	0.195	3.339	0.295	0.371
中位数	0.125	2.346	9.246	102.300	0.154	3.410	0.125	0.386
最大值	0.458	6 554.101	17.070	128.300	1.379	6.500	2.173	0.592
最小值	−0.280	1.098	4.183	96.700	0.042	0.410	0.017	0.068

续表

变量	GRE	FD	lnFSS	CPI	Gov	UE	Open	IAV
标准差	0.075	235.343	1.516	6.182	0.162	0.840	0.382	0.099
偏度	0.252	27.784	−0.082	1.990	4.066	−0.568	2.250	−1.035
峰度	4.514	772.975	3.536	6.415	24.753	4.608	7.572	4.209
雅克-贝拉检验	82.22	1 924 418	10.139	888.19	17 415	125.19	1 328.9	185.5
P值	0.000	0.000	0.006	0.000	0.000	0.000	0.000	0.000
总和	105.79	8 475.58	7 179.56	80 879	151.22	2 587.72	228.678	287.58
方差和	4.402	42 869 052	1 778.075	29 582	20.26	545.783	112.94	7.587
观测值	775	775	775	775	775	775	775	775

6.3　金融规模的门槛效应研究

6.3.1　门槛模型的构建

门槛回归模型也称为门限回归模型（threshold regression models），是一种常见的非连续回归模型，门槛模型最早可以追溯至Tong（1978）的研究。经典的门槛回归模型可以表达为

$$y_i = x_i'\beta_1 \cdot 1\,(q_i \leqslant \gamma) + x_i'\beta_2 \cdot 1\,(q_i > \gamma) + e_i \qquad (6.1)$$

其中y_i为被解释变量，x_i是外生解释变量，$1\,(\cdot)$为示性函数，q_i是外生门限变量，γ为门限临界值，e_i为随机扰动项。在门槛回归模型中，随着门槛变量q_i的取值不同，解释变量和被解释变量之间的系数变化可以通过β_1或者β_2来描述。

早期门槛模型主要应用于时间序列回归模型领域，Tsay（1989）提出了新的方法来检验门槛效应，后来Tsay（1998）又对方法进行改进，将其检验结果推广，可以适用多种情况。随着经济理论的不断发展，经济学中

多均衡状况的情形受到越来越多的重视，而门槛回归模型与经济中的多均衡分析可以很好地契合，也就是根据门槛变量值划分的不同区制，与经济的均衡态相对应。因此门槛回归模型受到了学者们的重视，直至目前门槛回归模型还广泛地应用于学术研究中。

Hansen（1999）构建门槛模型的思路是根据门槛变量对样本进行分组，然后计算分组后的回归模型的残差平方和。当残差平方和最小时，对应的门槛变量的取值即为门槛值。并且Hansen将传统的门槛模型推广到面板数据背景下，因此对式（6.1）进行改进，新的门槛模型如式（6.2）所示：

$$y_{ii} = \alpha_i + x_{it}'\beta_1 \cdot 1 \ (q_{it} \leq \gamma) + x_{it}'\beta_2 \cdot 1 \ (q_{it} > \gamma) + e_{it} \qquad (6.2)$$

模型中i代表个体变量，但是可以看出截距项是没有门槛效应的。

对于是否存在门槛效应，通过检验原假设来判断：

$$H_0: \ \beta_1 = \beta_2 \qquad (6.3)$$

如果原假设成立，则不存在门槛效应，也就是无论门槛值γ取值多少，都对模型没有影响。如果拒绝原假设，则存在门槛效应，要对门槛值进一步检验。那么为了确定分组后的回归效果是否有实质性的改进，需要检验分组后的回归残差平方和的降低程度是否显著。因此在单门槛模型中，需要构建新的统计量，来检验门槛效应的显著性：

$$F_1 = \left(\frac{S_0 - S_1}{\hat{\sigma}_1^2} \right) \qquad (6.4)$$

$$\hat{\sigma}_1^2 \equiv \frac{S_1}{n(T-1)} \qquad (6.5)$$

在式（6.4）中，F_1为待检验的统计量，S_0为当没有门槛值时模型对应的回归残差平方和，S_1和σ_1^2分别表示单门槛回归模型的残差平方和以及残差方差的估计值。通过自举法得到F_1的经验分布，从而计算F_1的值来检验门槛效应是否显著。如果门槛效应显著，则进行门槛回归是有实质意义的。

类似地，可以考虑多个门槛值的面板回归模型。以两个门槛值为例：

$$y_{ii} = \alpha_i + x_{it}'\beta_1 \cdot 1 \left(q_{it} \leqslant \gamma \right) + x_{it}'\beta_2 \cdot 1 \left(\gamma_1 < q_{it} < \gamma_2 \right) + x_{it}'\beta_3 \cdot 1 \left(q_{it} > \gamma_2 \right) + e_{it}$$

$$\text{（6.6）}$$

其中门槛值$\gamma_1 < \gamma_2$。

Caner等（2001）对非平稳门槛回归模型的估计与推断进一步深入，认为在非平稳的门槛回归模型中，所得到的结论与平稳的门槛回归模型是有差异的，由此他们提出用自助抽样的方法获得临界值。并且他们提出了对数据的平稳性进行检验，但是单位根检验的最终分布不同于通常的DF分布，也需要通过自助法获得检验的临界值。Caner等（2004）还考察了解释变量存在内生性，而门槛变量是外生的情况。

在本章中，为了考察金融规模的门槛效应、金融发展与实体经济发展之间的关系，首先对中国年度经济数据进行实证研究。在构建时间序列门槛模型时，将沿用King等（1993）、Levine（2004）的思路，在仅存在一个门槛值的情况下，门槛模型设定如下：

$$\text{GRE}_t = \alpha + \beta_1 \text{FD}_t \cdot 1 \left(Z_t \leqslant \gamma \right) + \beta_2 \text{FD}_t \cdot 1 \left(Z_t > \gamma \right) + \beta_3 X_t + \varepsilon_t \qquad \text{（6.7）}$$

在式（6.7）中，GRE_t表示实体经济发展水平；X_t为控制变量，包括通货膨胀率（RPI）、财政支出占比（Gov）、就业人数对数（EP）、对外开放程度（Open）、工业增加值占比（IAV）；FD_t为金融发展水平；Z_t为门槛变量；下角标t代表时间；ε_t为随机误差项。

6.3.2　基于金融规模时间序列门槛模型的构建

由于本章选用金融规模存量作为金融规模的衡量指标，因此在分析金融规模门槛效应时，将式（6.7）中的门槛变量写作金融规模存量lnFSS，构建式（6.8），以金融规模存量lnFSS为门槛变量的单门槛效应模型，从而进行后续的门槛效应分析。

$$\text{GRE}_t = \alpha + \beta_1 \text{FD}_t \cdot 1 \left(\text{lnFSS}_t \leqslant \gamma_1 \right) + \beta_2 \text{FD}_t \cdot 1 \left(\text{lnFSS}_t > \gamma_1 \right) + \beta_3 X_t + \varepsilon_t$$

$$\text{（6.8）}$$

6.3.3　时间序列平稳性检验

由于对全国金融规模门槛效应的检验采用的是时间序列数据，在进行计量分析之前需要确定序列的平稳性。因此本书使用ADF单位根检验的方法对所涉及数据的平稳性进行检验，检验结果如表6.4所示，从结果可以看出相关的时间序列都在1%的水平上显著平稳，也就是变量之间不存在虚假回归，因此可以进行后续检验。

表6.4　时间序列平稳性检验结果

变量	GRE	FD	lnFSS	RPI	Gov	EP	Open	IAV
1%临界值	−3.536 6	−3.538 4	−4.110 4	−4.108 0	−4.115 7	−4.107 9	−4.107 9	−4.107 9
5%临界值	−2.907 7	−2.908 4	−3.482 8	−3.481 6	−3.485 2	−3.481 6	−3.481 6	−3.481 6
10%临界值	−2.5914	−2.591 8	−3.169 4	−3.168 7	−3.170 8	−3.168 7	−3.168 7	−3.168 7
t值	−4.455 9	−6.543 1	−7.346 4	−4.437 9	−5.587 5	−7.373 9	−6.222 2	−6.179 3
P值	0.000 6	0.000 0	0.000 0	0.003 9	0.000 1	0.000 0	0.000 0	0.000 0

6.3.4　金融规模的单一门槛效应分析

根据式（6.8）使用Stata15对全国时间序列数据进行单一门槛效应检验，检验结果显示门槛值为13.237 1，其他变量以及划分的区制如表6.5所示，从变量的t值可以看出，除了对外开放程度（Open）外，其他指标的系数都在1%的水平上显著。其中金融发展水平（FD）的系数为0.044 2，也就是金融发展水平提高1%将使得实体经济发展水平提高0.04%，金融发展与实体经济之间存在正向的关系。从门槛效应划分的两个区制来看，两个区制的系数都为正，且在1%的水平上显著。当金融规模存量小于门槛值时，系数为1.121 7，当金融发展水平提高1%时，会使得实体经济发展水平提高1.12%，但是当金融规模存量大于13.237 1时，系数下降为1.085，也就是说当金融规模存量超过一定量时，随着金融规模的进一步增加，金融发展水平对实体经济增长率仍具有推动作用，但边际效应将会稍有降低，当金融发展水平提高1%时，实体经济发展水平将提高1.09%。虽然超过金融规模存量的门槛值后，金融发展水平的系数变动不大，但是从我国金融市场实际情况来看，由于金融发展水平指标数值较大，因此对实体经济发展的促进作用不容小觑。

表6.5　时间序列单一门槛效应检验结果

变量	系数	标准差	t值	P值
FD	0.044 2	0.011 6	3.81***	0.000
Gov	0.843 2	0.282 8	2.98***	0.003
RPI	0.002 6	0.000 6	4.51***	0.000
EP	0.078 1	0.018 2	4.28***	0.000
Open	0.069 8	0.036 6	1.90*	0.057
IAV	0.025 3	0.025 3	20.18***	0.000
$f(\ln\text{FSS}<\gamma_1)$	1.121 7	0.175 0	6.41***	0.000
$f(\ln\text{FSS}\geq\gamma_2)$	1.085 0	0.170 9	6.35***	0.000

注：*、**、***分别代表在10%、5%、1%的水平上显著。

6.3.5　金融规模的双重门槛效应分析

（1）金融规模双重门槛效应模型的构建

从上文对全国时间序列数据的门槛效应检验中可以看出，单门槛效应的估计结果是显著的，金融规模存量的门槛效应会对金融发展与实体经济的促进效应产生影响。进一步考虑在时间序列样本数据中是否存在双重门槛效应，那么由于存在两个门槛值，式（6.7）也要发生变化，参考式（6.6）构建双重门槛模型，如式（6.9）所示：

$$\text{GRE}_t = \alpha + \beta_1\text{FD}_t \cdot 1\,(\ln\text{FSS}_t \leq \gamma_1) + \beta_2\text{FD}_t \cdot 1\,(\gamma_1 < \ln\text{FSS}_t \leq \gamma_2)$$
$$+ \beta_3\text{FD}_t \cdot 1\,(\ln\text{FSS}_t > \gamma_2) + \beta_4 X_t + \varepsilon_t \tag{6.9}$$

在式（6.9）中，有两个门槛值γ_1和γ_2，将金融规模存量指标（$\ln\text{FSS}$）划分为三个区域。公式中FD_t为金融发展水平，X_t为控制变量，t为时间，ε_t为随机误差项。基于此模型对时间序列进行双重门槛效应检验。

（2）金融规模双重门槛效应检验

通过使用Stata15对双重门槛效应进行检验，整理得到表6.6时间序列双重门槛效应检验结果，可以看出主要解释变量和控制变量的系数都是正数，且在1%的水平上显著。与前文的单门槛效应结果表6.5相比，金融发展水平的系数略有下降。金融规模存量的两个门槛值将金融规模存量指标划分为三个区域，从结果中可以看出，三个区域的系数都是正数，说明金融发展对实体经济发展在总体上是呈正向促进作用的。表6.7中展示了金融规模存量的两个门槛值，对比单门槛值的结果，可知两个门槛值也就是在原来一个门槛值的基础上继续寻找拐点。但是，这两个门槛值划分的三个区域的系数还存在一定的差别，当金融规模小于或等于第一个门槛值11.773 3时，金融发展水平的系数为0.906 1，且在1%的水平上显著，说明金融水平提高1%，会使得实体经济发展水平提高0.91%；当金融规模存量处于第二个区间时，也就是［11.773 3，13.237 1）区间，金融发展水平的系数上升为0.948 7，且在1%的水平上显著，说明随着金融规模存量超过第一个门槛值，金融规模存量继续增加时，金融发展水平每提高1%，实体经济发展水平将提高0.95%，也就是说金融发展水平对实体经济增长的边际效用是增加的，在这个区间内，金融发展水平对实体经济增长的促进作用更大。而随着金融规模存量的继续增加，当其超过第二个门槛值13.237 1时，金融发展水平的系数变为0.908 8，与第一个区域的系数近似，也就是又回落到原来的水平。但是值得注意的是，在门槛区间内，金融发展水平对实体经济的促进作用是高于其平均水平的。因此也说明全国总的金融规模存量的增长是有一定限制的，在一定区间内，金融发展对实体经济的促进作用是较强的，一旦超过了这个区间，金融发展虽然仍能促进实体经济发展，但是其边际效应就会有所降低，这对我国金融体系与实体经济发展具有重要的实际意义。

表6.6 时间序列双重门槛效应检验结果

变量	系数	标准差	t值	P值
FD	0.030 6	0.012 6	2.43***	0.015
Gov	0.973 1	0.278 1	3.50***	0.000
RPI	0.001 5	0.000 7	2.03***	0.042
EP	0.064 8	0.184 6	3.52***	0.000
Open	0.127 8	0.043 1	2.96***	0.003
IAV	0.501 5	0.024 8	20.24***	0.000
$f(\ln FSS < \gamma_1)$	0.906 1	0.192 3	4.71***	0.000
$f(\gamma_1 \leq \ln FSS < \gamma_2)$	0.948 7	0.184 2	5.15***	0.000
$f(\ln FSS \geq \gamma_2)$	0.908 8	0.181 1	5.02***	0.000

注：*、**、***分别代表在10%、5%、1%的水平上显著。

表6.7 时间序列双重门槛值

门槛变量	门槛值	SSR
γ_1	11.773 3	0.026 4
γ_2	13.237 1	0.028 9

6.4 省际金融规模的门槛效应实证分析

6.4.1 面板门槛模型的构建

基于前文介绍的门槛模型和现有文献的研究成果，本书假设金融发展与实体经济发展之间省际面板数据存在非线性关系。那么为了验证和估计金融发展对实体经济发展的非线性影响，本节利用门槛面板模型构建如下模型：

$$GRE_{it} = \alpha + \beta_1 FD_t \cdot 1(\ln FSS_{it} \leq \gamma) + \beta_2 FD_{it} \cdot 1(\ln FSS_{it} > \gamma) + \beta_3 X_{it} + \varepsilon_{it} \quad (6.10)$$

其中，GRE为实体经济发展水平；FD为金融发展水平；lnFSS为金融规模存量，是门槛变量；X为控制变量；ε为随机误差项。下标i和t分别表示个体和时间。

当存在两个门槛值时，面板门槛模型（6.10）可以进一步拓展为

$$\text{GRE}_{it} = \alpha + \beta_1 \text{FD}_{it} \cdot 1(\ln \text{FSS}_{it} \leq \gamma_1) + \beta_2 \text{FD}_{it} \cdot 1(\gamma_1 < \ln \text{FSS}_{it} \leq \gamma_2)$$
$$+ \beta_3 \text{FD}_{it} \cdot 1(\ln \text{FSS}_{it} \geq \gamma_2) + \beta_4 X_{it} + \varepsilon_{it} \tag{6.11}$$

其中 $\gamma_1 < \gamma_2$。

如果模型中存在三个门槛值，则式（6.11）还需要继续拓展：

$$\text{GRE}_{it} = \alpha + \beta_1 \text{FD}_{it} \cdot 1(\ln \text{FSS}_{it} \leq \gamma_1) + \beta_2 \text{FD}_{it} \cdot 1(\gamma_1 < \ln \text{FSS}_{it} \leq \gamma_2)$$
$$+ \beta_3 \text{FD}_{it} \cdot 1(\gamma_2 \leq \ln \text{FSS}_{it} < \gamma_3) + \beta_4 \text{FD}_{it} \cdot 1(\ln \text{FSS}_{it} \geq \gamma_3) + \beta_5 X_{it} + \varepsilon_{it} \tag{6.12}$$

其中 $\gamma_1 < \gamma_2 < \gamma_3$。

6.4.2　面板单位根检验

由于本节是对省际面板数据进行门槛效应检验，因此在做实证分析之前要对面板数据进行单位根检验，以判断样本数据是否为平稳面板，这对后续实证建模具有重要的参考价值。本书在第4章中，已经对几种常用的面板数据单位根检验方法进行详细说明，在此章不再进行赘述。根据以往学者的分析判断，依据"少数服从多数"的原则，对某指标单位根检验时，如果大多数方法检验是平稳的，则判断该指标平稳。结果显示样本数据不存在单位根，都满足平稳过程，因此可以进行后续实证建模。

6.4.3　基准模型回归分析

在不考虑门槛变量的情况下，首先采用静态面板模型估计方法考察金融发展对实体经济的边际效应。表6.8中模型1为以地区为聚类变量的混合回归模型，模型2为固定效应模型，模型3为随机效应模型。在混合回归模型中金融发展（FD）的估计系数在1%的水平上显著，说明从整体上看金融发展对实体经济存在显著的正向促进作用，但是边际效用较小。在控制变量中系数都为正值，通货膨胀率（CPI）、失业率（UE）对实体经济发展的影响在1%的水平上显著，对外开放程度（Open）和工业增加值占比（IAV）的系数在10%的水平上显著。在固定效应模型中，金融发展水平的系数并不显著，但是控制变量除Open外的系数都在1%的水平上显著，其中

财政支出占比Gov的系数为负数，也就是增加1%的财政支出，会使实体经济增长速度降低0.07%。在随机效应模型中，金融发展水平的系数也不显著，在控制变量中，CPI、UE的系数在1%的水平上显著，Open、IAV的系数在5%的水平上显著，Gov的系数不显著。

表6.8 基准回归结果

变量	（1） 模型1	（2） 模型2	（3） 模型3
FD	0.000 3***	0.000 5	0.000 3
	（4.73）	（0.63）	（0.403）
Gov	0.021 2	−0.067 3***	0.002 62
	（0.14）	（−2.75）	（0.174）
CPI	0.008 5***	0.008 5***	0.008 6***
	（20.88）	（23.21）	（24.83）
UE	0.010 7***	0.018 3***	0.011 0***
	（3.01）	（5.13）	（4.053）
Open	0.013 6*	0.011 6	0.013 8**
	（1.737）	（0.77）	（2.39）
IAV	0.050 3*	0.221***	0.052 8**
	（1.920）	（5.57）	（2.16）
常量	−0.813***	−0.885***	−0.817***
	（−16.03）	（−19.22）	（−19.62）
观测值	775	775	775
R^2	0.460	0.501	

注：*、**、***分别代表在10%、5%、1%的水平上显著，系数下括号内为t-统计量。

然后进行豪斯曼检验判断选择更适合的模型。豪斯曼检验结果如表6.9所示，Chi2（6）=45.29，大于零，P值为0，即拒绝原假设，因此采用固定效应模型是更适合的。

表6.9　豪斯曼检验结果

Chi2（6）	P值	豪斯曼结果
45.29	0.000 0	固定效应

6.4.4　门槛效应结果分析

基于我国31个省及直辖市1993—2017年的面板数据，分析金融发展与实体经济增长之间的门槛效应，分别检验了单一门槛效应、双重门槛效应和三重门槛效应，检验结果如表6.10所示。自抽样的次数均为300次，从估计结果来看，单一门槛效应在1%的水平上显著，双重门槛效应在5%的水平上显著，三重门槛效应的结果不显著。因此可以得出结论，即金融发展与实体经济增长之间的确存在门槛效应，且门槛值有两个。以往学者在对金融发展与经济发展之间关系的研究中，表明存在单一门槛是有待完善的。单一门槛仅说明了在金融发展过程中，当金融规模存量积累到某个值之前，金融发展对实体经济增长的促进作用较弱，当超过某个值时，金融发展对实体经济的促进作用才会增强；或者当金融规模存量积累到某个值之前，金融发展对实体经济增长的促进作用较强，而当超过某个值后，随着金融发展，实体经济的增长会受到一定程度的抑制。但通过本节的双重门槛检验结果可以看出，对于实体经济发展水平的增长，金融发展是存在双重边界的，也就是双重门槛。根据实证结果进一步估计门槛值的大小，从而判断在门槛值前后金融发展水平对实体经济的作用方向及大小，以及对实体经济发展作用效果的差异。

表6.10　门槛效应自抽样检验

检验类型	F值	P值	BS次数	临界值		
				1%	5%	10%
单一门槛效应	49.58***	0.000 0	300	41.766 9	31.340 4	24.326 2
双重门槛效应	21.35**	0.005 0	300	33.742 0	19.639 3	16.779 9
三重门槛效应	6.02	0.816 7	300	48.276 5	38.415 2	30.178 7

注：BS次数为Bootstrap自抽样的次数。*、**、***分别代表在10%、5%、1%的水平上显著。

　　双重门槛的估计值结果如表6.11所示，可以看出两个门槛值分别为 γ_1=6.408 2，γ_2=10.505 7，相比前文对金融规模时间序列的门槛效应的分析，在全国数据中金融规模的门槛值较大，而且两个门槛值距离较近，省际面板数据的门槛值距离相对远一些。

表6.11　门槛估计值结果

双重门槛模型	门槛估计值	95%置信区间
γ_1	6.408 2	［6.272 1，6.452 0］
γ_2	10.505 7	［10.428 0，10.522 9］

　　进一步根据估计的门槛值对式（6.11）进行参数回归，参数回归结果如表6.12所示。从控制变量的系数来看，除了对外开放程度（Open），其他指标的系数都在1%的水平上显著。从门槛值划分的三个区域来看，这三个区域的系数都在1%的水平上显著。当金融规模存量处于低于6.408 2的区域时，金融发展水平的系数为−0.016，也就说明当金融规模低于一定水平时，金融发展与实体经济水平是反方向作用的，金融发展抑制了实体经济增长速度的提升，金融发展水平每提升1%，会使得实体经济的增长率降低0.016%。导致这种结果的原因可能是当金融规模低于一定值时，金融资产积累过低，此时不能很好地发挥资源优化配置功能。因此金融发展水平过低，当金融发展水平稍有提升时，会汲取一部分实体经济资源，而不是为实体经济提供相应的服务，从而导致了金融发展水平上升，反而抑制实体经济发展。但是当金融规模存量上升至6.408 2与10.505 7区间时，金融发展水平与实体经济的增速呈同向变动，也就是当金融规模增长到一定水平时，金融发展能够促进实体经济增长，提升实体经济增长速度。在此阶段，金融规模存量也逐渐上升，金融机构的人民币存贷款金额提高，金融发展水平已经由初期向成熟期转变，并且能够发挥资源优化配置功能，金融资源相对充足，有利于提升金融体系服务实体经济的能力，因此金融发展对实体经济增长的边际效用为正。当金融发展水平提升1%时，实体经济发展将提升0.008 9%，虽然上升的比例不大，但是相比于我国实体经济的增长基数而言，增长量也是较大的。随着金融规模存量的继续增长，当金

融规模存量指标超过10.505 7时，金融发展水平对实体经济的推动作用更强烈，当金融发展水平提升1%时，实体经济的增速将提高0.014 4%，与第二区域相比，增速更快。也就是此时金融资源较充足，能够满足实体经济部门的资金需求，这与全国时间序列数据的结果出现了差异，分析其内在原因可能是由于我国省份之间差异较大，部分发达地区金融资源是供给过度的，能够满足实体经济发展所需，而还有一部分地区的金融资源较少，金融发展速度也相对缓慢，因此从全国数据来看金融发展超过一定门槛值会降低实体经济的增速，而省际数据却显示超过一定门槛值实体经济的增速会更快。

表6.12　双重门槛参数回归结果

变量	系数	标准差	t值	P值	95%置信区间
CPI	0.008 6	0.000 4	24.26***	0.000 0	［0.007 9, 0.009 3］
Gov	−0.104 5	0.027 6	−3.78***	0.000 0	［−0.158 8, −0.050 3］
UE	0.018 8	0.003 4	5.47***	0.000 0	［0.012 1, 0.025 6］
Open	0.016 9	0.014 6	1.16	0.245	［−0.011 7, 0.045 5］
IAV	0.190 9	0.038 5	4.96***	0.000 0	［0.115 3, 0.266 5］
$f(\ln FSS \leq \gamma_1)$	−0.016 0	0.008 8	−2.83***	0.071	［−0.033 2, 0.001 3］
$f(\gamma_1 < \ln FSS \leq \gamma_2)$	0.008 9	0.002 4	3.65***	0.000	［0.004 1, 0.013 5］
$f(\ln FSS > \gamma_2)$	0.014 4	0.002 1	6.81***	0.000	［0.010 3, 0.018 6］
常数	−0.877 4	0.045 3	−19.38***	0.000	［−0.966 3, −0.788 5］

注：*、**、***分别代表在10%、5%、1%的水平上显著。

6.5　稳健性检验

为了进一步验证金融发展对实体经济增长的门槛效应，本章将金融规模的代理变量由原来的金融规模存量指标变为金融业增加值占比（FAV）。金融业增加值占比通过省际金融业增加值与当年名义GDP的比值来计算。本节的分析与前文的研究思路一致，先以全国的时间序列分析门槛效应，再通过省际面板数据来分析门槛效应。由于门槛变量为FAV，因此单一门槛模型、双重门槛模型分别如式（6.13）、式（6.14）所示：

$$\text{GRE}_t = \alpha + \beta_1 \text{FD}_t \cdot 1\,(\text{FAV}_t \leqslant q_1) + \beta_2 \text{FD}_t \cdot 1\,(\text{FAV}_t > q_1)$$
$$+ \beta_3 X_t + \varepsilon_t \qquad (6.13)$$

$$\text{GRE}_t = \alpha + \beta_1 \text{FD}_t \cdot 1\,(\text{FAV}_t \leqslant q_1) + \beta_2 \text{FD}_t \cdot 1\,(q_1 < \text{FAV}_t \leqslant q_2)$$
$$+ \beta_3 \text{FD}_t \cdot 1\,(\text{FAV}_t > q_3) + \beta_4 X_t + \varepsilon_t \qquad (6.14)$$

公式中其他符号所代表的含义与式（6.8）相同，仅门槛变量变为FAV。省际面板门槛效应模型与式（6.13）、式（6.14）相似，在此不进行赘述。

6.5.1　基于金融业增加值占比的时间序列门槛效应检验

首先根据式（6.13）以金融业增加值作为门槛变量进行单一门槛效应检验，结果显示门槛值为0.027 5，具体的参数估计结果如表6.13所示。可以看出在以金融业增加值为门槛时，系数都在1%的水平上显著，门槛值并不会影响金融发展对实体经济的作用方向，但是作用的大小会受到影响。当FAV小于0.027 5时，金融发展水平提高1%，能够促进实体经济增长0.92%，但是当FAV大于0.027 5时，随着金融发展水平的提高，实体经济仍然是增长的，但是增长的速度会降低。这个结论与6.3.4的结论是一样的，相应的斜率变化都较小。

表6.13　单一门槛效应检验结果——以FAV为门槛变量

区制	系数	标准差	t值	P值
$f\,(\text{FAV} < q_1)$	0.922 7	0.166 7	5.53***	0.000
$f\,(\text{FAV} \geqslant q_1)$	0.900 3	0.167 7	5.37***	0.000

注：*、**、***分别代表在10%、5%、1%的水平上显著。

进一步以金融业增加值占比为门槛变量进行双重门槛效应检验，检验结果如表6.14所示，门槛值如表6.15所示。可以看出控制变量除财政支出占比（Gov）和对外开放程度（Open）以外，其他变量的系数都是显著的。

从三个区域的系数看，与6.3.5的结论是一样的，并且系数也相差不大。无论金融业增加值占比在哪个区间，金融发展对实体经济的作用都是同向的，但是边际效用在第二个区间内是较大的，呈倒U形关系。也就是随着金融业增加值占比的提升，金融发展对实体经济的边际效用会增大，增大到一定程度，边际效用会减少，但是边际效用始终为正。两个门槛值分别为0.027 5和0.041 6，即在单一门槛的基础上找到了第二个门槛值。

表6.14 双重门槛效应检验结果——以FAV为门槛变量

变量	系数	标准差	t值	P值
FD	−0.022 3	0.008 9	−2.50**	0.012
Gov	0.333 3	0.276 8	1.20	0.229
RPI	0.002 5	0.000 6	4.04***	0.000
EP	0.064 6	0.017 5	3.69***	0.000
Open	0.037 8	0.036 7	1.03	0.302
IAV	0.516 2	0.025 5	20.23***	0.000
$f(\text{FAV}<q_1)$	0.909 2	0.165 6	5.47***	0.000
$f(q_1\leqslant\text{FAV}<q_2)$	0.939 6	0.166 3	5.66***	0.000
$f(\text{FAV}\geqslant q_2)$	0.922 7	0.166 9	5.53***	0.000

注：*、**、***分别代表在10%、5%、1%的水平上显著。

表6.15 双门槛值——以FAV为门槛变量

门槛变量	门槛值	SSR
q_1	0.027 5	0.029 6
q_2	0.041 6	0.028 6

6.5.2 基于金融业增加值占比的面板门槛效应检验

根据式（6.13）和式（6.14）对省际面板数据以金融业增加值占比为门槛变量进行门槛效应分析。面板门槛效果自抽样检验结果如表6.16所示，通过300次自抽样检验发现金融发展与实体经济发展之间单一门槛效应在

1%的水平上显著，双重门槛效应在5%的水平上显著，但是三重门槛效应不显著，因此可以判断省际金融发展与实体经济之间是存在着双重门槛效应的，这与6.4.4的结论是一致的。从面板门槛值估计结果表6.17来看，两个门槛值分别为0.041 7和0.059 4，两个门槛值比较接近，原因是FAV的计算方法是金融业增加值与GDP的比值，本身数值就较小。

表6.16　面板门槛效应自抽样检验——以FAV为门槛变量

检验类型	F值	P值	BS次数	临界值		
				1%	5%	10%
单一门槛效应	72.54***	0.000 0	300	44.900 2	35.739 6	30.002 9
双重门槛效应	22.17**	0.040 0	300	28.579 1	21.742 3	18.911 7
三重门槛效应	8.50	0.920 0	300	41.863 6	35.922 4	31.530 5

注：BS次数为Bootstrap自抽样的次数。*、**、***分别代表在10%、5%、1%的水平上显著。

表6.17　面板门槛值估计结果——以FAV为门槛变量

双重门槛模型	门槛估计值	95%置信区间
q_1	0.041 7	［0.041 4，0.041 9］
q_2	0.059 4	［0.056 0，0.059 5］

　　进一步计算双重门槛的参数回归结果，如表6.18所示。控制变量中除了财政支出占比（Gov）和对外开放程度（Open）外，其他三个变量的系数都是显著的。从门槛值划分出的三个区域来看，系数都在1%的水平上显著，并且与6.4.4相似，系数都是先为负然后逐渐上升。因此可以说明金融发展水平与实体经济发展之间的确存在门槛效应，并且存在双重门槛值。随着金融发展水平的提升，当金融业增加值占比小于0.0417时，金融发展会抑制实体经济的增长；当金融业增加值占比在（0.041 7，0.059 4）区间时，金融发展会促进实体经济的增长；当金融业增加值占比超过0.059 4时，金融发展对实体经济增长的边际效用会变大。因此在提高金融业服务实体经济能力时，就要考虑金融规模门槛效应的影响。

表6.18　双重门槛参数回归结果——以FAV为门槛变量

变量	系数	标准差	t值	P值	95%置信区间
CPI	0.008 6	0.000 3	24.78***	0.000	［0.007 9，0.009 3］
Gov	0.038 8	0.025 6	1.48	0.139	［−0.012 4，0.088 1］
UE	0.008 2	0.003 5	2.32**	0.021	［0.001 2，0.015 1］
Open	−0.004 0	0.014 2	−0.28	0.777	［−0.031 9，0.023 9］
IAV	0.132 6	0.039 4	3.40***	0.001	［0.056 0，0.209 3］
$f(\text{FAV} \leqslant \gamma_1)$	−0.010 5	0.002 0	−5.01***	0.000	［−0.014 1，−0.006 2］
$f(\gamma_1 < \text{FAV} \leqslant \gamma_2)$	0.009 7	0.002 5	3.96***	0.000	［0.004 9，0.014 5］
$f(\text{FAV} > \gamma_2)$	0.017 4	0.002 7	6.52***	0.000	［0.012 2，0.022 7］
常数	−0.853 6	0.044 2	−19.34***	0.000	［−0.940 6，−0.767 2］

注：*、**、***分别代表在10%、5%、1%的水平上显著。

6.6　本章小结

本章对金融规模与实体经济发展的现状以及相关理论进行梳理，并分别采用全国时间序列数据和省际面板数据，以金融规模为门槛，以金融发展为解释变量，实体经济发展为被解释变量，进行金融规模的门槛效应检验，最后通过改变控制变量的方式进行稳健性检验，最终得到以下结论：

从全国的角度来分析，金融发展对实体经济的增长速度具有显著的正向影响，并且金融规模对金融发展与实体经济之间的关系存在双重门槛效应。当金融规模处于两个门槛值的中间区域时，金融发展对实体经济的促进作用是最大的。一旦超过了这个区间，金融发展虽然仍能促进实体经济发展，但是其边际效应就会有所降低。结合我国金融市场的实际情况也能够解释这种现象，本章主要是通过金融机构人民币存贷款总和来衡量金融规模，那么在金融机构存贷款中，商业银行的存贷款占较大份额。从投资者的角度出发，我国金融市场中银行业发展最为成熟，证券市场、保险市场等发展相对较晚，证券市场、保险市场还亟待完善，相比之下商业银行存款风险低，我国证券市场受多重因素影响，波动较大以至于风险较高，在大部分投资者都是风险厌恶者的情况下，造成了投资者更倾向于将闲置资金存放在银行，而不是投资于风险资产。另外从企业融资角度出发，我国证券市场发行制度较严格，门槛较高，一些中小企业难以通过股票市场、债券市场筹集资金，因此会选择门槛低的商业银行进行借款。从投资者和融资者两方面来看，商业银行都是他们的首选方式，因此导致商业银行存贷款金额较大。但是从金融市场与实体经济发展来看，一方面，通过商业银行的贷款可以为实体经济提供稳定的资金来源。另一方面，通过商业银行进行的间接融资会抑制直接融资市场的发展，虽然从数量上看金融体系在发展，但是质量上却没有提高，金融实体的资源供给与实体经济的需求不相匹配。这也就解释了为什么当金融规模超过一定值时，金融发展对实体经济的边际效用是降低的。

从省际金融发展与实体经济水平来看，金融规模对金融发展与实体经济之间的作用也是存在双重门槛的。但是与全国数据所呈现的结果略有差异，在金融规模存量低于一定门槛值时，金融发展对实体经济增长是存在抑制作用的；而金融规模存量存于两个门槛值之间时，金融发展对实体经济增长起到促进作用；当金融规模存量超过较大的门槛值时，金融发展对实体经济的边际效用会增加，推动作用更大。通过分析我国省与省之间金融发展的现实差异，可以解释全国与省际实证结果的不同。从我国实际情况来看，在中共中央政治局第十三次集体学习中，习近平总书记在主持学习时也在强调要增强金融服务实体经济的能力。就现阶段我国省际金融规模存量来看，大多数省及直辖市的金融规模存量指标都大于10.505 7，也就是处于第三区域，但也有部分欠发达地区的金融规模存量处于第二区域。在这些金融欠发达地区，往往实体经济发展速度也较缓慢，经济主体也以中小企业为主。分析其原因，一方面在欠发达地区金融机构的数量相对较少，缺乏大型金融中介机构，导致区域内融资成本相对较高，而在发达地区融资成本相对较低，因此在不存在信息不对称以及地域限制时，欠发达地区的中小企业会倾向于向发达地区融资，因此导致本地区的金融规模存量下降。在第4章分析金融结构的溢出效应时，用融资总额与GDP的比值作为融资结构的衡量指标，采用空间杜宾模型分析后，认为融资结构的空间溢出效应是非常显著的，但是对相邻地域是反向影响的，本地的融资结构发展会抑制相邻地域融资结构的增长。因此，在发达地区金融规模存量上升的过程中，会吸引相邻的欠发达地区的中小企业来融资，从而降低了欠发达地区的金融规模。另一方面，在金融欠发达地区，金融资源相对较匮乏，并且政府主导金融市场的现象较为严重，地方政府能够通过多种方式动用社会资金来完成政府投资，特别是将金融资源首先用于发展一些大型的国企、央企，因此导致欠发达地区的中小企业在金融资源的分配方面处于严重劣势，无法从金融规模存量增长中获益，这也必然会抑制金融发展服务实体经济的效率，阻碍实体经济的发展。因此，针对不同的地区构建金融体系与实体经济发展适配方式时，最主要的就是分析金融规模所处的区间，然后确定是否需要从数量上扩大金融规模，抑或从质量上控制金融规模。

第7章　金融体系与实体经济发展适配效应实证分析：基于动态关联效应视角

　　金融体系与实体经济发展关系研究是一个历久弥新的课题，在不同的历史时期，研究结论和研究意义都具有差异性。"以史为镜，可以知兴替"，回顾金融体系与实体经济发展的历史进程，分析以往金融与实体经济发展关系，能够更加深入地剖析金融体系与实体经济的关系，从而响应加强金融服务实体经济发展能力的要求，对寻找金融体系与实体经济发展适配方式具有必要性，对未来金融与实体经济的发展具有举足轻重的作用。

　　虽然在本书第3章中已经采用时间序列数据对金融体系中的金融结构、金融效率、金融规模与实体经济的关联度进行分析，但本章将对省际层面的金融体系三个维度与实体经济发展之间的关系进行研究，而且重点是分析金融体系的变动对实体经济的冲击。在前文第4章～第6章的分析中，已经借助空间计量模型、系统GMM模型和门槛模型对金融体系中金融结构、金融效率、金融规模与实体经济发展水平的关系进行研究，对金融体系的每个维度与实体经济发展中存在的问题以及动态关系已经有基本的分析，那么在本章中将综合考虑金融体系中这三个维度与实体经济的动态关系，以寻找金融体系与实体经济发展的适配方式。本章采用省际面板数据，经过样本平稳性检验和协整检验后，对金融体系指标与实体经济发展水平指标进行面板因果检验。进一步采用PVAR模型对金融体系指标和实体经济发展指标进行动态关联性分析，在前几章的基础上深入研究金融结构、金融效率、金融规模与实体经济的动态关联效应。

7.1　金融体系与实体经济发展动态PVAR模型的构建

在第3章的分析中已经对金融体系与实体经济发展之间的关联性有了一定的了解和分析。但是在本书第3章中，所采用的全国时间序列数据不能对我国省份之间金融体系与实体经济发展的关系进行分析，那么为了更好地分析金融体系与实体经济发展水平的关系，基于前文的分析框架，本章将继续选取金融体系中的金融结构、金融效率和金融规模三个维度，利用我国31个省及直辖市的面板数据，构建关于金融结构、金融效率、金融规模与实体经济发展水平之间关系的PVAR模型，研究金融体系与实体经济发展的动态关联效应。

在VAR模型的基础上，Holtz-Eakin 等（1988）引入面板数据，首次提出了PVAR模型。在PVAR模型中允许数据存在个体效应和异方差性，个体效应允许不同的观测单元之间存在个体差异，时间效应反映了不同观测单元在横截面上可能受到的共同冲击。由于横截面单位的存在允许滞后系数随时间变化，放松了对数据时间平稳性的假设，使得向量自回归不需要满足一般条件。PVAR模型不仅具有VAR模型的优点，而且还能对面板数据进行计量分析。在PVAR模型中不用考虑变量的内生、外生和因果关系等问题，所有变量都被当作内生变量，而且PVAR模型对数据长度的要求也相对较低，并且还可以通过脉冲响应函数来分析变量之间的动态关系。基于以上原因，PVAR模型的应用较广泛，具体模型的设定如下：

$$Z_{i,t} = (\alpha_0 + \sum_{j=1}^{p} \beta_j Z_{i,t-j} + \eta_i + \gamma_t + \varepsilon_{i,t} \tag{7.1}$$

在式（7.1）中，$Z_{i,t}$为包含金融体系所有内生变量的列向量，i、t表示省份和年度，α_0为截距项变量，β_j为回归系数矩阵，其中j表示各变量的滞后阶数；η_i和γ_t分别表示固定效应和时间效应，$\varepsilon_{i,t}$为随机扰动项。

本章将采用Love等（2006）提出的方法对PVAR模型进行估计。在下文的分析中，首先要对各变量序列进行面板单位根检验和协整检验，并判断PVAR模型合适的滞后阶数，然后通过面板格兰杰检验判断金融体系指标与实体经济之间的因果关系，并利用GMM估计回归模型的参数；最后进行方差分解和脉冲响应函数分析。

7.2　金融体系与实体经济发展动态关联性基本分析

7.2.1　样本选取及数据来源

根据前文的分析，本章继续选用前文中所使用的变量，将金融结构的衡量指标分为宏观金融结构和金融行业结构，并构建二级指标体系：金融产业规模结构（FIS）、金融市场结构（FMS）、金融开放结构（OS）、融资结构（FS）、银行业结构（BS）、证券业结构（SIS）和保险业结构（IIS），其中前四个指标为宏观金融结构变量，后三个指标为金融行业结构变量。金融效率的衡量指标包括金融机构存贷比（DLR）、储蓄占比（SR）和保险赔付比率（IIR）。金融规模指标采用第6章中所使用的两个门槛变量，金融规模存量（lnFSS）和金融业增加值占比（FAV）。具体变量如表7.1所示。由于在前文中已经对各变量进行定义并解释相应的计算方法，在此不再赘述。但是与前文分析时所选取的样本数据在时间上不一致的，本章将对2005—2017年我国大陆31个省及直辖市的样本数据进行分析，数据来源于Wind数据库、中经网统计数据库、《新中国六十年统计资料汇编》、国家统计局公布的国家数据以及各省及直辖市的统计年鉴。

表7.1　金融体系变量指标

	变量	变量符号
金融结构	金融产业规模结构	FIS
	金融市场结构	FMS
	金融开放结构	OS
	融资结构	FS
	银行业结构	BS
	证券业结构	SIS
	保险业结构	IIS
金融效率	金融机构存贷比	DLR
	储蓄占比	SR
	保险赔付比率	IIR
金融规模	金融规模存量	lnFSS
	金融业增加值占比	FAV

7.2.2　描述性统计分析

为了降低数据缺失对实证结果的影响，在对金融结构、金融效率和金融规模进行研究的三章中，选取数据最完整的区间，因此本章选取2005—2017年的数据作为样本，这与金融结构相关指标的样本区间是相同的，而且本书已在第4章对金融结构指标进行了描述性统计分析，因此在本节中仅对金融效率和金融规模变量进行描述性统计分析。如表7.2所示，可以看出在样本区间内金融机构存贷比（DLR）的均值为0.763 2，说明我国金融机构发放贷款比例较高，在金融机构吸收的存款中，有较大部分都通过发放贷款方式流入经济运行中。储蓄占比（SR）的均值为0.761 9，说明我国银行体系吸收的存款虽然不直接作用于经济生产，但是其占国内生产总值比例很大，为实体经济运行提供了很大的资金保障。保险赔付比率（IIR）的平均值为0.311 7，这个指标与西方发达国家相比仍处于较低水平，这与我国保险业发展相对落后有一定的关系。金融规模存量（lnFSS）的平均值为10.200 9，从其最大、最小值和标准差来看，金融规模存量波动较大，这与本书对金融规模存量的计算方式有关。金融业增加值占比（FAV）的平均值为0.052 2，说明在样本观测期间金融产业增加值占国内生产总值的比重为0.052 2，最大值为0.174 0，而最小值仅为0.006 1，说明省际金融业发展水平参差不齐。由于样本为省际面板数据，而我国省际差距也较大，金融业发展水平不一，所以对经济发展的贡献度也相去甚远。

表7.2　部分变量描述性统计结果

	DLR	SR	IIR	lnFSS	FAV
平均值	0.763 2	0.761 9	0.311 7	10.200 9	0.052 2
中位数	0.714 1	0.700 1	0.309 7	10.347 0	0.047 0
最大值	7.895 2	7.219 9	1.845 7	12.624 0	0.174 0
最小值	0.232 7	0.027 7	0.000 0	6.452 0	0.006 1
标准差	0.633 5	0.460 8	0.109 6	1.120 1	0.029 7
偏度	10.492 5	8.371 9	6.453 5	−0.530 3	1.627 3
峰度	117.402 6	103.181 6	97.395 8	3.266 4	6.333 4
雅克-贝拉检验	227 163.1	173 234.8	152 420.5	20.083 1	364.443 7
P值	0.000 0	0.000 0	0.000 0	0.000 0	0.000 0
观测值	403	403	403	403	403

7.2.3　样本平稳性及协整检验

（1）样本平稳性检验

为了避免样本数据存在伪回归，本章采用LLC检验、IPS检验、HP检验以及Fisher-ADF检验对数据进行单位根检验，由于金融结构指标在第4章中已经进行单位根检验，所以本节仅对金融效率和金融规模指标进行单位根检验，从检验结果来看原始数据是平稳的，可以进行后续实证模型的构建。

（2）样本协整检验

常用的协整检验方法有三种，包括Kao、Pedroni和Johansen，但是由于本章变量总个数超过6个，Pedroni检验方法不再适用，因此本节采用Kao

检验方法进行协整检验，检验结果如表7.3所示。t统计量在1%的水平上显著，P值为0.000 0，Kao检验拒绝原假设，也就意味着样本数据之间存在协整关系。

表7.3 样本协整检验结果

统计量	t统计量	P值
检验结果	−6.757 4***	0.000 0

注：*、**、***分别代表在10%、5%、1%的水平上显著。

7.3 金融体系与实体经济发展动态关联效应实证研究

7.3.1 PVAR模型基本分析

（1）确定最优滞后阶数

进一步使用STATA15并根据AIC、BIC和HQIC准则来确定PVAR模型的最佳滞后阶数。在检验了1到5阶滞后PVAR模型的基础上，用蒙特卡洛模拟1 000次后得到如表7.4所示的最优滞后阶数选择结果，因此最终确定最优滞后阶数为1。

表7.4 PVAR最优滞后阶数选择

阶数	AIC	BIC	HQIC
1	91.661 5***	98.089 2***	94.222 4***
2	231.71	240.641	235.28
3	222.289	234.133	227.04
4	217.421	232.707	223.575
5	333.117	352.555	340.969

（2）面板格兰杰因果检验

为了进一步解释金融体系各指标与实体经济发展水平指标之间是否存在因果关系，在选择最优滞后阶数后，进行了面板格兰杰因果检验，检验结果如表7.5所示。可以看出，FMS、OS、FS、BS、SIS、DLR、FAV与

GRE存在单向因果关系，FIS、IIS、SR、IIR、lnFSS与GRE存在双向因果关系。这说明金融体系指标与实体经济之间都存在着因果联系。

表7.5　格兰杰因果检验结果

原假设	F统计量	P值
FIS不是GRE的格兰杰原因	1.911 48*	0.037 6
GRE不是FIS的格兰杰原因	7.801 96***	0.005 5
FMS不是GRE的格兰杰原因	2.241 55**	0.035 2
GRE不是FMS的格兰杰原因	0.999 28	0.318 1
OS不是GRE的格兰杰原因	3.826 87***	0.041 2
GRE不是OS的格兰杰原因	1.116 46	0.291 4
FS不是GRE的格兰杰原因	2.088 66**	0.006 1
GRE不是FS的格兰杰原因	0.565 84	0.452 4
BS不是GRE的格兰杰原因	3.130 96***	0.007 6
GRE不是BS的格兰杰原因	1.518 48	0.218 6
SIS不是GRE的格兰杰原因	2.961 45***	0.006 1
GRE不是SIS的格兰杰原因	0.969 36	0.325 5
IIS不是GRE的格兰杰原因	2.561 61**	0.004 1
GRE不是IIS的格兰杰原因	16.418 2***	0.000 0
DLR不是GRE的格兰杰原因	2.553 23**	0.047 5
GRE不是DLR的格兰杰原因	0.093 20	0.760 3
SR不是GRE的格兰杰原因	3.330 89***	0.048 8
GRE不是SR的格兰杰原因	1.710 69*	0.011 7
IIR不是GRE的格兰杰原因	7.763 59***	0.005 6
GRE不是IIR的格兰杰原因	3.640 95***	0.037 2
lnFSS不是GRE的格兰杰原因	25.447 5***	0.000 0
GRE不是lnFSS的格兰杰原因	32.888 4***	0.000 0
FAV不是GRE的格兰杰原因	5.781 06***	0.016 7
GRE不是FAV的格兰杰原因	0.719 65	0.396 8

注：*、**、***分别代表在10%、5%、1%的水平上显著。

（3）PVAR模型的GMM估计结果

由于PVAR模型包含了个体异质性，如果采用传统的均值差分估计方法进行分析容易导致结果产出偏误。那么为了提高估计的有效性，将采用GMM估计方法对PVAR模型进行分析。由于通过AIC、BIC和HQIC准则确定的PVAR最优滞后阶数为1，所以在GMM估计中采用1阶滞后。结果如表7.6所示。表中h_GRE代表实体经济发展水平原始指标，L.h_X表示指标X的滞后一期，其中X为解释变量如FIS、FMS等。b_GMM为GMM估计后的系数，se_GMM为估计的标准差，t_GMM为t统计量。

从表7.6中可以看出，滞后一期的金融产业规模结构（FIS）与实体估计发展水平的系数为–0.329 9，说明二者是负相关的，且在1%的水平上显著，也就意味着短期金融产业规模结构的快速增长是不利于实体经济发展水平的提升的。同样，滞后一期的金融市场结构（FMS）、对外开放结构（OS）都与实体经济发展水平呈反向变动，但是对外开放结构回归系数没通过显著性检验。滞后一期的银行业结构（BS）与实体经济发展水平的回归系数为0.870 3，并在1%的水平上显著，滞后一期的保险业结构（IIS）与实体经济发展水平的回归系数为34.260 0在10%的水平上显著，说明银行业结构和保险业结构的提高能够促进实体经济发展水平提升。但是滞后一期的证券业结构与实体经济发展水平的系数为–0.617 8，说明证券业结构与实体经济发展水平是负相关的，证券业结构的快速发展不能起到拉动实体经济增长的作用。综合以上的分析，金融结构与实体经济发展的动态相关性是较显著的，但是负相关的指标更多。

从金融效率与实体经济发展的动态关联效应来看，滞后一期的金融机构存贷比（DLR）和滞后一期的储蓄占比（SR）与实体经济发展水平的回归系数都是显著的，分别为0.017 3和0.052 1，它们与实体经济发展水平都呈正相关关系，也就是通过金融机构存贷比和储蓄占比的提高，能够促进实体经济发展水平增长。但是滞后一期的保险赔付比率（IIR）与实体经济发展水平的回归系数不显著。也就说明了从中长期看，金融机构存贷比和储蓄占比的提高都是有利于实体经济发展的。

最后从金融规模与实体经济发展的动态关联效应来看，金融规模的两个衡量指标，滞后一期的金融规模存量（lnFSS）和滞后一期的金融业增加值占比（FAV）与实体经济发展水平的回归系数都是显著的，系数分别为-0.046 8和-0.876 0，它们与实体经济发展都呈负相关关系。说明金融规模的扩大是不利于实体经济发展的，这与第6章的研究结论是一致的，金融规模与实体经济发展存在门槛效应，当金融规模超过一定水平时，其对实体经济发展的促进作用减弱。

表7.6　PVAR模型GMM估计结果

	h_GRE		
	b_GMM	se_GMM	t_GMM
L.h_FIS	−0.329 9***	0.090 1	−4.401 9
L.h_FMS	−0.237 8*	0.174 9	−1.660 0
L.h_OS	−0.039 8	0.036 6	−1.086 6
L.h_FS	0.032 9	0.032 0	1.028 4
L.h_BS	0.870 3***	0.210 0	4.144 6
L.h_SIS	−0.617 8*	0.354 0	−1.745 5
L.h_IIS	34.260 0*	21.758 2	1.676 7
L.h_DLR	0.017 3*	0.010 9	1.692 8
L.h_SR	0.052 1**	0.021 5	2.422 0
L.h_IIR	0.142 3	0.099 8	1.426 3
L.h_lnFSS	−0.046 8***	0.011 5	−4.085 2
L.h_FAV	−0.876 0**	0.389 2	−2.250 6

注：*、**、***分别代表在10%、5%、1%的水平上显著。

7.3.2　方差分解

为了进一步对解释变量与被解释变量之间的关系进行分析，并对未来时期进行预测，使用方差分解方法来分析金融体系三个维度的变量对实体经济发展的影响，结果如表7.7所示。本章通过蒙特卡洛法模拟200次得到未来10期、20期和30期的方差分解结果。被解释变量为实体经济发展水平（GRE），解释变量为本章选取的金融体系12个衡量指标。从方差分解的结果可以看出，随着预测期数的增加，部分指标对实体经济发展的解释能力变化不大，例如对外开放结构（OS）、融资结构（FS）、储蓄占比（SR），在未来3个时期的方差分解系数都相同。而大部分指标如：金融产业规模结构（FIS）、金融市场结构（FMS）、银行业结构（BS）、保险业结构（IIS）、金融机构存贷比（DLR）、保险赔付比率（IIR）、金融规模存量（lnFSS）、金融业增加值占比（FAV）随着考察时期的增加，对实体经济发展的解释能力越来越强，就是说随着时间的推移，预测期数的增加，它们对实体经济发展的解释能力也是越来越强的。但是证券业结构（SIS）对实体经济发展的解释能力随着预测期数的增加而减弱，这可能与我国证券市场的波动相关，在样本期内，证券市场经历了2008年的全球金融危机和2015年我国发生的股灾，所以表现出较多的波动，对实体经济的稳健发展较不利。

表7.7　方差分解结果

	10期	20期	30期
FIS	0.233 9	0.248 8	0.253 1
FMS	0.063 0	0.063 7	0.063 8
OS	0.057 9	0.057 9	0.057 9
FS	0.004 8	0.004 9	0.004 9
BS	0.201 9	0.204 1	0.204 1
SIS	0.095 3	0.093 6	0.093 5
IIS	0.179 0	0.179 3	0.179 3
DLR	0.033 9	0.034 1	0.034 1
SR	0.047 5	0.047 5	0.047 5
IIR	0.335 4	0.336 0	0.336 0
lnFSS	0.338 8	0.343 3	0.343 4
FAV	0.649 8	0.657 5	0.657 9

7.3.3 脉冲响应分析

与其他面板模型相比，PVAR模型更加注重通过脉冲响应分析对未来发展趋势进行预测。在格兰杰因果检验中可以了解到金融体系与实体经济发展是存在因果关系的，而实体经济发展与金融体系之间有部分指标不存在因果关系。而在脉冲响应分析中，将从金融体系对实体经济发展的冲击、实体经济发展对存在因果关系的金融体系指标冲击两方面分析。本节通过蒙特卡洛模拟200次得到脉冲响应函数图，金融体系指标对实体经济发展的脉冲响应函数图如图7.1所示，实体经济发展水平对金融体系部分指标的脉冲响应函数图如图7.2所示。其中横轴代表脉冲响应分析的期数，为6年，纵轴代表被解释变量对解释变量的响应强度，中间的实线代表脉冲响应函数的轨迹，外侧两条虚线表示脉冲响应函数的95%的置信区间。

在图7.1中，从金融结构对实体经济发展水平的冲击来看，宏观金融结构中金融产业规模结构（FIS）对实体经济发展水平的冲击是负向的，并且随着时间的推移这种负向效应会逐渐增大。可以看到，在第1期下降会超过-0.02，第2期负向效应又继续增大，但在第3期之后负向效应稍有回落，而且直到第6期都相对比较平稳。这表明金融产业规模结构对实体经济发展的影响是较深远的。从金融市场结构（FMS）对实体经济发展水平的冲击来看，表现为负向冲击，并且冲击在第1期就有所体现，在之后的6期中基本保持不变。从金融开放结构（OS）对实体经济发展水平的冲击来看，初期实体经济发展水平对金融市场结构冲击的反应为0，并且在之后的一段时期实体经济都没有发生波动，也就是通过PVAR脉冲响应函数预测的对外开放程度对实体经济发展不产生影响。从融资结构（FS）对实体经济发展水平的冲击来看，表现为正向冲击，在第1期冲击最大，然后冲击给实体经济发展带来的影响逐渐降低，但始终维持在正向水平。从金融行业结构来看，银行业结构（BS）给实体经济发展带来的冲击波动较强烈，第1期冲击带来的反应接近0.03，随后在第2期逐渐下滑，但直至第6期，仍高于0.01，也就说明银行业为实体经济带来了正向的冲击，且持续时期较长。

证券业结构（SIS）给实体经济发展带来了负向冲击，第1期的负向冲击达到-0.02，第2期继续下降，从第3期开始稍有回落，但在第6期冲击的影响仍然有-0.02，可见证券业结构对实体经济的冲击也是持久的，证券业结构均衡运行才能为实体经济平稳发展提供保障。从保险业结构（IIS）对实体经济发展的冲击来看，保险业结构的变动，能够给实体经济发展带来同向的冲击，虽然在图中看脉冲函数的斜率较小，但是其纵坐标的刻度值高于其他几个函数图像，从图中看，保险业结构的冲击持续了6期，且其冲击大小均高于0.05，也说明在我国现行经济环境下，保险业的发展能够为实体经济平稳运行保驾护航，保险业结构的提高，能够促进实体经济的健康发展。

　　从金融效率对实体经济的冲击来看，金融业存贷比（DLR）对实体经济的冲击是正向的，但是其对实体经济发展的冲击并不强烈，从第1期开始上升，第3期达到最大值，然后冲击的影响逐渐减低。而储蓄占比（SR）对实体经济的冲击波动较剧烈，第1期反应较强达到了0.02，在后面几期逐渐下降，说明储蓄对实体经济的影响是较短暂的，从长期来看，虽然存在正向影响，但是冲击力较小。保险赔付比率（IIR）对实体经济的冲击也呈现出较明显的正向波动，在第1期时达到最大，也就是说短期内保险赔付比率的提升，将提高实体经济发展水平，但是这种高冲击力持续的期数并不长远，从第2期开始就逐渐下降。虽然我国保险业仍有很大的发展空间，需要完善的方面也较多，但是从脉冲响应图来看，保险业结构的发展对实体经济的促进作用更强，也就是说提高保险业发展水平能够更好地服务实体经济发展。

　　从金融规模对实体经济的冲击来看，金融规模存量（lnFSS）的增加并不能提升实体经济发展水平，在第1期实体经济受到的是较大的负向冲击，从第2期开始冲击逐渐降低，在第6期回落到-0.002的水平。从金融业增加值占比（FAV）对实体经济发展水平的冲击来看，仍呈负向冲击。与金融规模存量不同的是，金融业增加值占比对实体经济发展的冲击在第1期虽然也呈负向冲击，但是第2期冲击仍在增强，从第3期开始冲击逐渐回落，在第六期冲击位于-0.004之上，也就是金融业增加值的影响是更持久的。综合金融规模两个指标可以看出，随着金融规模的增加，对实体经济的促进作用是不显著的，甚至会引致实体经济发展。这与我国目前金融规模相关，我国金融体系的发展从数量上来看是规模巨大的，但是从质量上来看是有待提高的。要提高金融服务实体经济的能力，更多的是要提高金融服务实体经济的质量，提升金融服务实体经济的资源配置效率。

在图7.2中，由于通过Granger检验发现仅有金融产业规模结构（FIS）、保险业结构（IIS）、储蓄占比（SR）、保险赔付比率（IIR）和金融规模存量（lnFSS）与实体经济发展水平存在格兰杰因果关系，因此进一步考察实体经济发展对这5个金融体系指标的冲击。

从实体经济发展对金融产业规模结构（FIS）的冲击来看，在初期金融产业规模结构对冲击的反应是负向的，在第1期、第2期呈下降趋势，在第2期达到-0.03。在第3期到第6期虽然冲击带来的影响会逐渐减小，但是仍保持负效应。也就是说实体经济的发展不会促进金融产业规模结构升级。从实体经济发展水平对保险业结构（IIS）的冲击来看，实体经济发展一单位的冲击给保险业结构带来的初期反应为正，但是在之后的阶段会逐渐回落，最后在第6期时，冲击带来的影响逐渐消失。实体经济发展能够带动保险业结构的发展，在实体经济发展水平逐渐提高的过程中，保险业为实体经济发展保驾护航，因而实体经济发展也会促进保险业结构的完善，尤其在我国现在保险业发展相对滞后的情况下，实体经济发展对保险业的拉动作用还是较为明显的，但是从脉冲函数图中也能够发现正向效应持续的时间并不长。

储蓄占比和保险赔付比率都是金融效率指标，从实体经济发展水平对储蓄占比（SR）的冲击来看，在初期表现为负向冲击，并且初期反应较强烈接近-0.1，但是在第1期又迅速回落，第2期的时候已经恢复到0，在之后的时期都保持在0水平。因此，实体经济对储蓄占比的影响仅体现在短期影响，在长期中并不产生冲击。从实体经济对保险赔付比率（IIR）的冲击来看，在初期反应为负，并且第1期负向冲击会增大，而后几期逐渐减小，第

6期冲击的反应接近0。在实体经济发展水平提高的情况下，保险业结构不断完善，虽然实体经济运行过程中保险的作用是重要的，但是在我国现行的经济环境下，保险业效率与实体经济发展并不匹配，也就出现了这样实体经济发展而保险业略有阻碍的现象。

金融规模存量指标是金融规模的衡量指标，在实体经济发展对金融规模存量（lnFSS）产生一单位正向冲击时，初期金融规模存量表现出负向冲击，而且在第1期这种负向冲击会迅速增强并达到最大值，并在之后的几期会逐渐减小。也就是说，实体经济发展不会促进金融规模存量的增加，反而会出现抑制金融规模增长的情况。而实体经济发展水平的冲击也需要金融资源的支撑，因此金融规模也会出现降低的现象。

对比图7.1和图7.2可以发现，金融体系指标对实体经济发展水平的冲击是存在滞后的，在初期反应都为0，从第1期才产生影响，并且金融体系对实体经济的冲击持续时间较长，部门指标的冲击带来的效应波动幅度也较大。而实体经济发展水平对金融体系指标产生1单位正向冲击时，金融体系的反应是迅速的、及时的，但是持续时间都较短，在图中第6期基本都保持不变或者恢复到0。因此，提高金融体系服务实体经济的能力，能够在较长时期影响实体经济；反过来，实体经济对金融体系的影响是短暂的，并且有些金融体系指标与实体经济发展之间不存在因果联系。

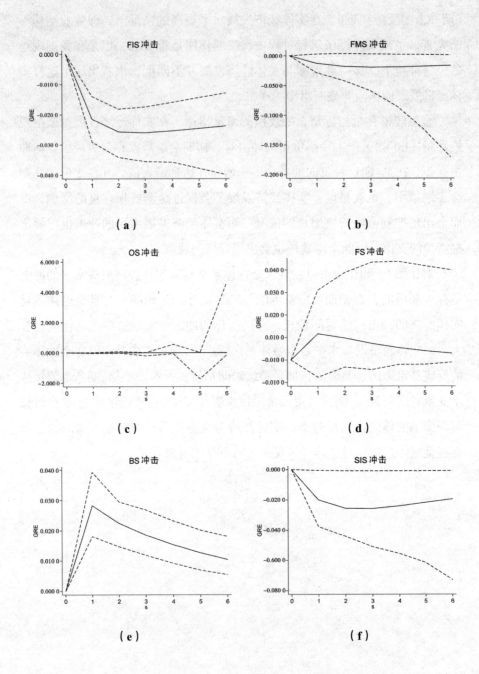

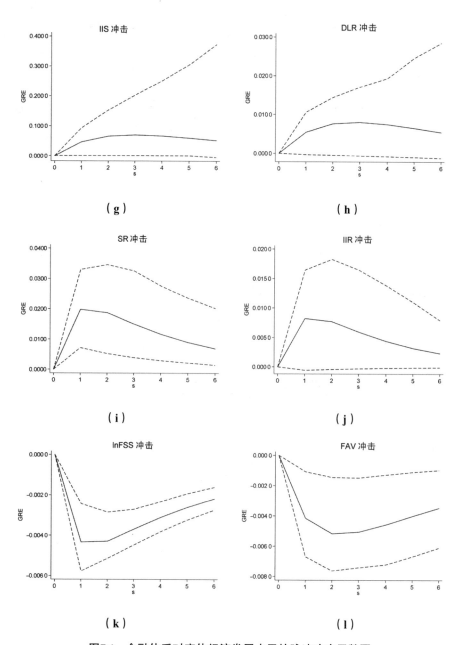

图7.1　金融体系对实体经济发展水平的脉冲响应函数图

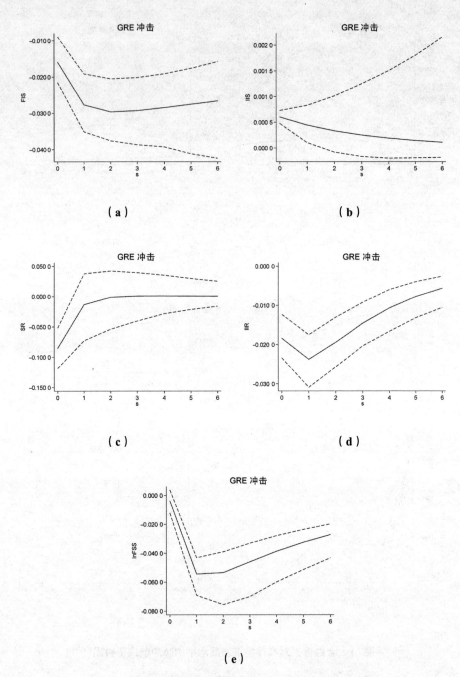

图7.2 实体经济发展水平对金融体系的脉冲响应函数图

7.4　本章小结

在本章的计量分析中采用省际面板数据，对金融体系与实体经济发展的动态关联效应进行研究，根据金融体系中金融结构、金融效率和金融规模三个维度与实体经济的动态关系，寻找金融体系与实体经济发展的适配方式。在样本选取方面，结合第4章、第5章和第6章的数据，选取2005—2015年我国31个省及直辖市的年度省际面板数据，经过样本平稳性检验、协整检验，选择最优滞后阶数为1，进而对金融体系指标与实体经济发展水平进行面板格兰杰因果检验，结果表明金融体系指标与实体经济发展之间存在因果关系，并且有部分指标存在双向因果关系。

进一步，对样本数据采用PVAR模型进行GMM估计，结果表明除融资结构外，金融产业规模结构、金融市场结构、金融开放结构与实体经济发展都呈负相关关系，也就意味着短期宏观金融结构的快速增长是不利于实体经济发展水平的提升的。从金融行业结构来看，银行业结构和保险业结构的提高能够促进实体经济发展水平提升。但是证券业结构与实体经济发展水平是负相关的，通过证券业结构不能起到拉动实体经济增长的作用。综合来看，金融结构与实体经济发展的动态相关性是较显著的，但是负相关的指数更多。从金融效率与实体经济发展的动态关联效应来看，金融机构存贷比、储蓄占比与实体经济发展水平都呈正相关关系，也就是说，通过金融机构存贷比和储蓄占比的提高，能够促进实体经济发展水平增长。但保险赔付比率与实体经济发展水平的回归系数不显著。说明了从中长期看，金融机构存贷比和储蓄占比都是有利于实体经济发展的。最后，从金融规模与实体经济发展的动态关联性来看，金融规模存量和金融业增加值占比与实体经济发展都呈负相关关系。说明金融规模的扩大是不利于实体经济发展的，这也与第5章的研究结论一致，金融规模与实体经济发展存在门槛效应，当金融规模超过一定水平时，其对实体经济发展的促进作用减弱。

在进行方差分解和脉冲响应函数分析后，发现在实体经济对金融结构指标冲击的脉冲响应图中，除了金融开放结构几乎不受实体经济冲击的影响，其他6个金融结构指标都或多或少受到实体经济冲击的影响，并且实体经济冲击的时效较长。在金融效率指标中，金融机构存贷比受实体经济发展的冲击较小，而储蓄占比和保险赔付比率受实体经济发展的冲击较明显，但是综合观察，实体经济对金融效率的冲击时效相对较短，在样本观测的第6期基本保持不变或恢复到0水平。从实体经济对金融规模的冲击来看，金融规模存量和金融业增加值占比的脉冲响应函数图像的形状较为相似，都是负向效应且先增大后逐渐恢复到初始水平。而通过格兰杰因果检验，有5个金融体系指标与实体经济发展存在因果关系，所以分析这5个金融体系指标对实体经济的冲击，结果表现出金融体系对实体经济发展水平作用迅速且时效短的特征。因此，金融体系能够在较长时期影响实体经济；反过来，实体经济对金融体系的影响是短暂的，并且有些金融体系指标与实体经济发展之间不存在因果联系。

基于上述分析，本章得到以下几个结论：

第一，金融结构与实体经济发展之间的关系较为复杂，从宏观金融结构来看，金融产业规模结构、金融市场结构和融资结构与实体经济的动态关联性较强，当这3个指标发生变动时，实体经济也会随之变化，但其中金融产业规模结构、金融市场结构与实体经济发展都是负向作用。一个可能的原因是金融产业和金融市场的发展都是直接作用于金融市场的，从投资的角度讲，投资者在金融市场繁荣时期更倾向于将资金投入金融市场从事风险投资，金融市场增加的资金使得实体经济的资金量减少，从而抑制了实体经济发展。但融资结构的提高会促进实体经济发展，这是因为金融市场融资结构更加合理，将提高金融资源优化配置能力，实体经济发展的资金需求更容易满足。从金融行业结构来看，银行业和保险业对实体经济发展都呈正向动态关联效应，尤其是银行业发展为实体经济提供了必要的资金支持，我国融资环境较发达金融市场仍有差距，大多数企业的资金需求都是通过银行贷款的形式得以满足，因此银行业的发展为实体经济获取资金提供便利。除此之外，由于我国保险业发展较慢，保险业曾经因为专业人才较少，市场鱼龙混杂，导致保险业发展滞后，但是由于近些年保险业逐渐走向专业化且人们的保险意识也有所增强，所以保险业结构的完善为实体经济健康运行提供了保障，能够适当地规避实体经济运行中潜在的风险，因此是有利于实体经济发展的。但是证券业结构对实体经济的冲击也是负向且持久的，这也说明股票市场是经济运行的晴雨表，实体经济发展受证券市场影响较大，证券业均衡运行才能保障实体经济平稳发展。

第二，金融效率与实体经济发展是具有正向关联效应的。当金融效率提高时，实体经济发展水平也会在一定程度上有所提升，因为金融效率的提高有利于金融资源对实体经济发展资源配置的优化。我国银行业吸收存款的能力是较强的，企业资金需求也有很大一部分通过银行贷款来实现，因此银行业高效的资金运用能力是有助于实体经济发展的。但是目前我国商业银行业也面临着资金转换效率并不高的问题，其中最重要的原因就是过多的资金集中在银行业，而银行贷款门槛高，很多有资金需求的中小企业贷款困难，资金周转效率较低。保险效率指标保险赔付比率说明了我国保险业效率与实体经济关联紧密，虽然我国保险成本较高，保险机制还不完善，但是保险业的效率确实能够促进金融体系高质量发展，从而推进实体经济发展。

第三，目前而言，金融规模与实体经济发展存在负向关联效应。在第6章对金融规模现状分析时已了解到目前我国金融总资产占GDP的比重已经远超西方发达国家水平。金融资产规模的扩大的确起到推动经济发展的作用，但是当金融规模一味地在数量上扩大，而质量上没有提高时，对实体经济的推动作用是有限的，甚至是制约实体经济发展的。虽然实体经济发展离不开金融体系的支持，但目前我国的金融体系仍处于发展之中，又由于我国幅员辽阔，区域金融规模发展不均衡，因此从总体上看，金融规模对实体经济的推动不是全面的，而且有些地区推动作用强，有些地区金融规模制约了实体经济发展。因此才出现了金融规模一单位正向冲击，给实体经济发展带来了负向的影响。

　　第四，实体经济发展与金融体系其实是相辅相成的，但是实体经济与金融体系之间的关系是非对称性的。从脉冲响应函数图中可以看出金融体系对实体经济冲击带来的影响是短暂的、时效性有限，而实体经济对金融体系冲击带来的影响是持续的、时效性较长。金融体系涵盖内容较广，虽然以往也有学者将实体经济和金融体系视为对立面，但是在现在的研究中实体经济与金融体系的界限越来越模糊。实体经济发展需要投入的要素较多，金融资源只是一方面，因此当金融体系发生变化时，对实体经济发展的影响其实存在着较多的不确定性。但是，由于实体经济往往对金融资源有较大的需求，所以当实体经济发展水平提高时，对金融资源的需求量增大，必然会拉动金融体系发展。这也就解释了金融体系与实体经济冲击的不对称性。

结论、启示与展望

本书对金融体系中的三个维度——金融结构、金融效率、金融规模与实体经济发展之间的相关理论和研究进行梳理，结合我国金融发展运行的实际状况，从金融体系推动实体经济发展的视角出发，选取了一系列金融体系中金融结构、金融效率、金融规模三个维度的衡量指标，利用我国省际面板数据和时间序列数据从金融结构、金融效率、金融规模三个维度对金融体系与实体经济发展之间动态适配效应进行计量分析，主要得出以下几个结论：

第一，金融体系中的金融结构、金融效率、金融规模三个维度与实体经济发展之间存在显著的动态关联关系，但仍有一些问题制约金融体系推动实体经济发展的能力。在经济发展的不同时期，金融体系中的三个维度与实体经济关联度会发生变化。例如2008年金融危机之后，金融效率提升能够显著地促进实体经济发展，但在2015年之后居民储蓄率降低导致金融效率与实体经济关联度略有下降。金融结构对实体经济发展的贡献度还有待提升，其中融资结构为实体经济发展提供了必要支持，但是我国金融市场开放度还有很大的发展空间。虽然我国金融工具不断创新，但是金融工具仍未完全发挥其功能。对于金融规模而言，总体上金融规模已经实现了"量"的突破，但金融规模需要在"质"上实现提升，才能真正推动实体经济发展。

第二，金融结构与实体经济发展呈现出空间溢出效应。通过空间杜宾模型对我国省际金融结构与实体经济发展进行计量分析，直接效应的结果表明本地的金融市场结构、金融开放结构和证券业结构对实体经济发展水平的变动有直接影响。间接效应的结果表明金融产业规模结构和金融市场结构的溢出效应较大，通过地理位置临近的省市之间金融资源的流动，能够实现金融资源的充分共享和有效互补，从而提升实体经济发展水平。由于在分析中本书将金融结构分为宏观金融结构和金融行业结构，通过杜宾模型分析发现宏观金融结构对本地及相邻地区影响较显著，而金融行业结构对本地及相邻地区的影响相对较弱。因此，由于相邻地区间的联动关系，在提升宏观金融结构时，要考虑本地区对相邻地区的影响。另外，对于一些金融欠发达地区，可以通过相邻地区的帮扶，提升本地区的金融发展水平。

第三，金融效率自身发展不均衡导致其与实体经济发展的适配效应有待提升。金融效率与实体经济发展水平之间存在正相关关系，在本书所选取的金融效率指标中，三个指标与实体经济的适配效应存在差距，因而降低了金融效率的总体水平。其中保险赔付比率与实体经济发展之间的相关性最强，其次是储蓄占比，最后是金融机构存贷比。原因是我国金融机构吸收存款和发放贷款的能力较强，资金量充裕，充足的资金是金融体系平稳运行的基础，但是大量的存贷款并不意味着金融体系是高效运行的，适当的存贷比有利于实体经济发展，但是过高的存贷比对实体经济的推动作用微乎其微。储蓄占比体现了居民对货币的需求，也反映了金融体系的储蓄动员能力，适当提升的储蓄占比也说明金融体系吸收存款的能力增强。而对于我国保险业而言，虽然近些年发展较快，但是由于起步相对较晚，仍有较大发展和完善的空间，保险业效率的提高对实体经济发展的边际效用是较大的。将金融资源转化为实体经济发展所需资源有多种途径，从金融效率的角度提升金融体系与实体经济发展的适配效应，也需要平衡好各个途径金融资源转化和配置的效率。

第四，金融规模对金融发展与实体经济之间的适配效应存在双重门槛。无论是基于全国层面的分析，还是基于省际层面的分析，最终通过门槛回归模型都得到金融规模的双重门槛值，并且结论通过了稳健性分析。但是省际面板数据的实证结果表明，当金融规模低于一定门槛值时，金融发展对实体经济增长是存在抑制作用的；而金融规模存量处于两个门槛值之间时，金融发展对实体经济增长起到促进作用；当金融规模存量超过较大的门槛值时，金融发展对实体经济的边际效用会增加，推动作用更大。其原因可能是我国省际金融规模差异性较大，有一部分欠发达地区金融规模未达到门槛值，所以表现出实体经济反哺金融规模的现象，但是我国大分布省份金融规模都处于两个门槛值之间，能够为金融服务实体经济提供资金支持。要提升金融规模的质量，就要对欠发达地区的金融发展给予更多的关注，才能从整体上提高金融服务实体经济的质量。

第五，金融体系与实体经济发展存在双向动态适配效应，但是当金融体系和实体经济产生变动时，相互的影响是非对称性的。从第7章分析金融体系与实体经济发展所选取的PVAR模型脉冲响应函数图中可以看出金融体系对实体经济冲击带来的影响是短暂的、时效性有限，而实体经济对金融体系冲击带来的影响是持续的、时效性较长。实体经济发展需要投入的要素较多，金融资源只是一方面，因此当金融体系发生变化时，对实体经济发展的影响其实存在着较多的不确定性。但是，由于实体经济往往对金融资源有较大的需求，所以当实体经济发展水平提高时，对金融资源的需求量增大，必然会拉动金融体系发展。这也就解释了金融体系与实体经济冲击的不对称性。

我国改革开放四十多年以来，经济发展经历了多重考验，从治理通货膨胀，到防范"硬着陆"、扩大内需，从应对多次金融危机，到认识、适应和引领新常态，推动经济实现高质量发展，这都是在充分尊重市场规律的基础上实施了数次宏观调控的结果。基于我国供给侧结构性改革和高质量发展的要求，对金融体系与实体经济发展适配效应的启示如下：

第一，提高金融体系与实体经济发展的结构适配性。金融体系与实体经济发展不仅要在总量上匹配，更重要的是结构适配性。金融结构的发展与实体经济发展是不平衡的，融资结构与实体经济关联度高，但是开放结构和工具结构的发展是滞后的。开放结构的不合理，也使得外币融资规模少，仍然是以国内市场融资为主，市场的开放程度还有待提高。另外，金融体系的资金供给与实体经济的需求是错位的，实体经济中各部门不能及时地从对应的金融渠道获得服务，比如国有银行在银行业中处于主导地位，国企发行的股票和债券总量占比较大，工具结构配置不合理，这导致金融服务于国有企业的效率较高。因此需要在金融结构上进行调整以适应实体经济中多方的需求，这不仅需要金融体系自身调整，构建多层次的资本市场体系结构，还需要开放性的政策来支持建立更具有国际流动性的金融市场，引进更多外资金融机构进入中国市场，增加我国金融体系的竞争力和稳健性。提高金融服务实体经济质量和效率必须从供给侧结构性改革破题，要从适应我国经济高质量发展的需求出发，对整个金融体系结构调整和优化。同时也需要导向性的政策引导资金流向实体经济，避免"脱实向虚"。

第二，协同发展多层次的金融市场体系，将金融资源更多地配置到经济社会发展的重点领域和薄弱环节。在我国逐渐由工业化转向城市化的进程中，高效率的金融体系应该向可持续、分散型金融体系转变。为满足实体经济的需要，就要创新开发个性化、差异化的金融产品，增强市场的包容性，迎合不同投资者的需求，提高金融服务的精准度。增加金融产品和服务的多元化，亦是提升金融服务于实体经济的能力。虽然金融效率与实体经济关联度较高，但是也应该看到金融机构存贷比对实体经济发展的贡献度较低，这就需要进一步优化银行机构体系的建设，加快发展民营银行等中小银行，提高对中小企业的经济支持，以提高金融机构将资金运用于实体经济的效率。同时，也要建立健全金融市场的基本制度，充分释放和发挥市场机制的活力。充分利用金融科技发展成果，采取大数据、云计算、人工智能等科技手段降低信贷成本，提高金融效率，扩大金融服务的覆盖面，做到服务实体经济"不断流"。金融体系的高效率不代表金融服务于实体经济的高效率，如何将金融体系中的资金高效率地转化为实体经济所需的资金，这是我国金融供给侧结构性改革的重要方向，解决了这个问题，才能够实现金融体系高效率地服务于实体经济。

第三，协调金融规模与实体经济发展的适配性。金融规模在总量上虽然在不断扩大，但与其推动实体经济发展的能力并不成正比，究其原因还在于金融体系无法满足众多小微企业的金融需求，难以实现有效供给。我国金融业增加值占国内生产总值的比例是高于欧美发达国家水平的，但是金融服务于实体经济的效果却未达到发达国家水平，在一定范围内的金融规模能够促进实体经济增长，但是超过了一定的金融规范范围会阻碍实体经济发展，也就是金融规模的发展对经济增长存在"门槛效应"。另外，2015年开始，我国货币投放结构发生根本性的转变，这使得借款人从银行获得贷款的成本提高了，而2015年底提出供给侧结构性改革，认为降低银行存款准备金率不符合结构性改革的要求，由此央行实行定向降准，但此政策释放的资金仍然难以满足银行贷款的需求，同业拆借规模增加，社会融资成本上升。虽然提高了货币供给量，金融相关比率增加，货币依然流向国企、央企、有实力的非国企，小微企业还是面临着融资难的问题。因此，在追求金融规模扩张的同时也要牢牢抓住金融体系服务于实体经济的核心，提高金融规模与实体经济发展的适配效应。

第四，均衡金融体系和实体经济发展的速度。金融体系为实体经济发展服务是金融的宗旨、本源，实体经济发展是国民经济的基础。金融的本质就是优化资源配置，调动资金、动员储蓄以及促进交易，从而影响投资、储蓄，支持经济的长期增长。但是金融体系与实体经济是相辅相成的，实体经济发展需要较多的要素配合进而协调发展，其中金融体系是非常重要的一个因素。当实体经济发展时，金融体系应提供实体经济所需要素，与实体经济同步增长，也就是说实体经济拉动了金融体系。但是，当金融体系发展时，它所需要素更多来自金融体系自身，因而金融体系发展能为实体经济提供更多的金融资源，能够更高效地优化资源配置，能够更好地服务于实体经济，但是如果在实体经济的需求已经得以满足的情况下，金融体系对实体经济的边际效应将递减，也就是呈现出规模报酬递减的趋势。因此，均衡金融体系与实体经济的发展速度，将金融体系与实体经济保持在规模递增的区域，过度地追求金融体系发展和扩张未必能够实现金融体系与实体经济的良性循环、协调发展。当前党中央、国务院对金融服务实体经济做出了相关指示，相关部门也出台了配套的政策措施。金融结构也围绕着供给侧结构性改革提出的"去产能、去库存、去杠杆、降成本、补短板"展开工作，将金融资源投向重点领域和薄弱领域，补齐金融服务实体经济的"短板"。另外，也应该适当采取实体经济反哺金融体系的方式，带动金融体系向实体经济所需的方向发展。

第五，金融风险仍是不可忽略的重要问题。在供给侧结构性改革过程中存在着较多的不确定性，从根本上讲，金融健康与实体经济健康是紧密相关的，经济是肌体，金融是血脉，两者共生共荣。2015年，我国股票市场异常波动，一些城市房地产价格泡沫化，2016—2018年我国宏观杠杆率分别为247%、250.5%、249.4%，远高出国际警戒线，这些现象都与加杠杆行为直接相关。高杠杆是金融风险的源头，它对实体经济的有效资金需求产生挤出效应，降低了资源配置效率，更是对金融体系稳定性造成冲击，放大了系统性风险，极易触发系统性金融危机。防范发生系统性金融风险是金融工作的根本性任务，因此需要不断健全货币政策和宏观审慎政策的调控框架，科学划分和界定监管领域，明确和细化相应的监管法规制度。优化金融监管体系，完善风险应急处置机制，着力防范化解重点领域风险，守住不发生系统性金融风险的底线。引导金融资源投入实体经济发展中，回归金融体系的本源，为金融体系服务实体经济营造安全的环境。

由于笔者的学识和精力有限，上述对金融体系中的三个维度与实体经济发展的研究恐有纰漏乃至错误之处，仍有一些不足的地方尚需进一步改进。为此，在后续的研究中，基于本书已完成的内容，将进一步深入探究以下几个方面：

第一，扩大金融体系的研究范畴。本书所选取的金融体系的三个维度虽然与实体经济有着密不可分的关系，但是金融体系是一个复杂的整体，在进一步深化研究时应拓展考察金融体系的维度，例如考虑金融稳定性的作用、金融波动的影响等。另外由于全球金融市场的联动机制，牵一发而动全身，一国金融市场的波动将对全球金融市场产生冲击。那么在后续的分析中，不仅要对国内市场进行分析，也要考虑到国际上金融影响力较大的几个国家的市场。

第二，细化金融体系的研究内容。虽然本书在研究时也考虑到金融结构的微观金融行业层面，但是分析金融效率和金融规模时更关注的是宏观层面，而对于微观层面例如企业融资决策、居民储蓄及投资决策等并未进行分析。为了更翔实地考察金融体系对我国实体经济发展的推动作用，在未来的研究中应更多地关注和应用微观层面数据进行分析。

第三，有针对性地具体问题具体分析。本书在启示中对我国整体金融体系与实体经济发展适配效应进行分析，但是我国幅员辽阔，各地区所处的金融发展阶段和实体经济发展阶段都有所差异，所以在未来的研究中应该有针对性地对某地区或者省份进行分析，细化研究对象，并因地制宜提出改善金融体系与实体经济发展的适配方式，提升金融服务实体经济的能力。

参考文献

英文参考文献:

[1] Abor J Y, Alagidede P, Ocran M K, et al. Developments in the financial services sector in Africa [J]. Review of Development Finance, 2014, 4 (2): 63-65.

[2] Adu G, Marbuah G, Mensah J T. Financial development and economic growth in Ghana: Does the measure of financial development matter? [J]. Review of Development Finance, 2013, 3 (4): 192-203.

[3] Ahmed A D, Wahid A N M. Financial structure and economic growth link in African countries: a panel cointegration Analysis [J]. Journal of Economic Studies, 2011, 38 (3): 331-357.

[4] Allen F, Bartiloro L, Gu X, et al. Does economic structure determine financial structure? [J]. Journal of International Economics, 2018, 114: 389-409.

[5] Allen F, D. A welfare comparison of the German and U.S financial systems [R].Working Paper (Wharton School), 1994.

[6] Ang A, Goyal A, Ilmanen A. Asset allocation and bad habits [J].Rotman International Journal of Pension Management, 2014, 7 (2): 14-42.

[7] Ankargren S, Bjellerup M, Shahnazarian H. The importance of the financial system for the real economy [J]. Empirical Economics, 2017, 12 (53): 1553-1585.

[8] Antzoulatos A A, Apergis N, Tsoumas C. Financial structure and industral

structure [J]. Bulletin of Economic Research, 2011, 63 (2): 109-139.

[9] Arcand J L, Berkes E, Panizza U. Too much finance? [J]. Journal of Economic Growth, 2015, 20 (2): 105-148.

[10] Arestis P. Financial development and economic growth: the role of stock market [J]. Journal of Monetary, Credit and Banking, 2001, 33: 16-41.

[11] Badunenko O, Romero-ávila D. Finacial development and the sources of growth and convergence [J]. International Economic Review, 2013, 54 (2): 629-663.

[12] Bain A D. The economics of the financial system [M]. New Jersey: Blackwell, 1981.

[13] Beck T, Demirugc-Kunt A, Levine R. Financial institutions and markets across countries and over time data and analysis [R].World Bank Policy Research Working Paper, 2009.

[14] Baker M, Wurgler J. The equity share in new issues and aggregate stock returns [J]. Journal of Finance, 2000, 55 (5): 2219-2257.

[15] Balduzzi P, Lynch A W. Transaction costs and predictability: some utility cost calculations [J]. Journal of Financial Economics, 1999, 52 (1): 47-78.

[16] Baum C, Dorothea S, Talavera O. The impact of the financial system's structure on firm's financial constraints [J]. Journal of International Money and Finance, 2011 (30): 678-691.

[17] Baur D G. Financial contagion and the real economy [J]. Journal of Banking & Finance, 2010, 36 (10): 2680-2692.

[18] Beck T. The role of finance in economic development: benefits, risks, and politics [M]. Social Science Electronic Publishing, 2011: 141.

[19] Beck T, Demirgüç-Kunt A, Levine R, et al. Financial structure and economic development: firm, industry, and country evidence [J]. Social Science Electronic Publishing, 2000: 189-242.

[20] Beck T, Levine R. Stock markets, banks, and growth: panel evidence [J].
Journal of Banking & Finance, 2004, 28 (3) : 423-442.

[21] Bergevin P, Duguay P, Jenkins P. When nightmares become real:
modelling linkages between the financial sector and the real economy in
the aftermath of the financial crisis [R]. C.d.howe Institute Commentary,
2011 (332).

[22] Blundell R, Bond S. Initial conditions and moment restrictions in dynamic
panel data model [J]. Journal of Econometrics, 1998 (87) : 115-143.

[23] Boot A W A, Thakor A V. Can relationship banking survive competition?
[J]. The Journal of Finance, 2000, 55 (2) : 679-713.

[24] Brock W, Lakonishok J, Lebaron B. Simple technical trading rules and the
stochastic properties of stock returns [J]. The Journal of Finance, 1992, 47
(5) : 1731-1764.

[25] Buch C M, Neugebauer K. Bank-specific shocks and the real economy [J].
Journal of Banking & Finance, 2011, 35 (8) : 2179-2187.

[26] Caner M, Hansen B E. Threshold autoregression with a unit root [J].
Econometrica, 2001, 69 (6) : 1555-1596.

[27] Caner M, Hansen B E. Instrumental variable estimation of a threshold
model [J]. Ecomometric Theory, 2004, 20 (05) : 813-843.

[28] Chakraborty S, Ray T. Bank-based versus market- based financial
systems: a growth- theoretic analysis [J]. Journal of Monetary
Economics, 2006, 53 (2) : 329- 350.

[29] Claessens S, Laeven L. Financial development, property rights, and
growth [J]. Journal of Finance, 2003, 58 (6) : 2401-2436.

[30] Cochrane J H. Financial markets and the real economy [J]. Social Science
Electronic Publishing, 2006, 1 (1) : 237-325.

[31] Cull R, Xu L C. Job growth and finance: Are some financial institutions
better suited to early stages of development than others? [J]. The World

Bank Economic Review, 2011, 27(3): 542-572.

[32] Dai M, Zhang Q, Zhu Q J. Trend following trading under a regime switching model[J]. Society for Industrial and Applied Mathematics, 2010, 1(1): 780-810.

[33] Davis E. The evolution of financial structure in the G-7 over 1997—2010 [J].National Institute Economic Review, 2012(221), 11-22.

[34] Deidda L, Fattouh B. Non-linearity between finance and growth[J]. Economics Letters, 2002, 74(3): 339-345.

[35] Demir A U, Hall S G. Financial structure and economic development: evidence on the view of 'new structuralism' [J]. International Review of Financial Analysis, 2017, 52: 252-259.

[36] Demirguc-Kunt A, Levine R. Bank-based and market-based financial systems: cross-country comparisons[J]. Policy Research Working Paper Series, 1999: 1-72.

[37] Demirgüç-Kunt A, Feyen E, Levine R. The evolving importance of banks and securities markets[J]. World Bank Economic Review, 2013, 27: 476-490.

[38] Deng J L. Control problems of grey systems[J]. Systems & Control Letters, 1982, 1(5): 288-294.

[39] Devereux M, Smith G. International risk sharing and economic growth[J]. International Economic Review, 1994(35): 535-550.

[40] Diamond D W. Financial intermedation and delegated monitoring[J]. Review of Economic Studies, 1984, 51(3): 393-414.

[41] Djankov S D, Shleifer A, Mcliesh C. Private credit in 129 countries[J]. Journal of Financial Economics, 2007, 84(2): 299-329.

[42] Ergungor O. Market- vs. bank-based financial systems: Does rights and regulationreally matter? [J]. Journal of Banking & Finance. 2004, 28, 2869–2887.

[43] Faber M T. A quantitative approach to tactical asset allocation [J], Social Science Electronic Publishing, update on SSRN, 2014.3

[44] Glabadanidis P. Market timing with moving averages [J]. International Review of Finance, 2015, 15 (3): 387-425.

[45] Goldsmith R. Financial structure and economic development [M]. New Haven: Yale University Press, 1969.

[46] Gole T, Sun T. Financial structures and economic outcomes: an empirical analysis [R]. IMF Working Papers, 2013, 13 (121).

[47] Graff M. Is there an optimum level of financial activity? [R]. KOF Working Paper, 2005, No.106.

[48] Greenwood J, Jovanovic B. Financial development, growth, and the distribution of income [J]. Journal of Political Economy, 1990, 98 (5): 1076-1107.

[49] Gros D, Alcidi C. The impact of the financial crisis on the real economy [J]. Intereconomics, 2010, 45 (1): 4-20.

[50] Gureley J G, Shaw E S, Enthoven A C. Money in a theory of finance [M]. Washington, DC: Brookings Institution, 1960.

[51] Hall S. Geographies of money and finance II: financialization and financial subjects [J]. Progress in Human Geography, 2013, 37 (2): 285-292.

[52] Han Y, Yang K, Zhou G. A new anomaly: the cross-sectional profitability of technical analysis [J]. Journal of Financial & Quantitative Analysis, 2013, 48 (5): 1433-1461.

[53] Hansen B E. The grid bootstrap and the autoregressive model [J]. The Review of Economics and Statistics, 1999, 81 (4): 594-607.

[54] Hassan M K, Sanchez B, Yu J S. Financial development and economic growth: new evidence from panel data [J]. Quarterly Review of Economics & Finance, 2011, 51 (1): 88-104.

[55] Hellmann T, Murdock K, Stiglitz J. Financial restraint: towards a new

paradigm [J]. Role of Government in East Asian Economic Development, 1997: 163-208.

[56] Hessling A H P. The global system of finance [J]. American Journal of Economics & Sociology, 2006, 65 (1): 189–218.

[57] Holtz-Eakin D, Rosen N H S. Estimating vector autoregressions with panel data [J]. Econometrica, 1988, 56 (6): 1371-1395.

[58] Jacobson T, Jesper Lindé, Roszbach K. Exploring interactions between real activity and the financial stance [J]. Journal of Financial Stability, 2005, 1 (3): 308-341.

[59] Jha C K. Financial reforms and corruption: evidence using GMM estimation [J]. International Review of Economics&Finance, 2019, 62: 66-78.

[60] Jokipii T, Monnin P. The impact of banking sector stability on the real economy [J]. Journal of International Money & Finance, 2013, 32: 1-16.

[61] Jung W S. Financial development and economic growth: international evidence [J]. Economic Development & Cultural Change, 1986, 34 (2): 333-346.

[62] Karmann A, Liebig T. The stability of the European financial system and the real economy in the shadow of the crisis [J]. Journal of Financial Stability, 2015, 16: 152-153.

[63] Kenourgios D, Dimitriou D. Contagion of the global financial crisis and the real economy: a regional analysis [J]. Economic Modelling, 2015, 44: 283-293.

[64] King R G, Levine R. Finance, entrepreneurship and growth [J]. Journal of Monetary Economics, 1993, 32 (3): 513-542.

[65] King Robert G, Levine Ross. Finance and growth: schumpeter might be right [J]. Quarterly Journal of Economics, 1993, 108 (3): 717-737.

[66] La Porta R, Lopez-de-Silanes F, Shleifer A, et al. The legal determinants

of external finance [J]. Journal of Finance, 1997 (52): 1131-1150.

[67] Laopodis N T, Papastamou A. Dynamic interactions between stock markets and the real economy: evidence from emerging markets [J]. International Journal of Emerging Markets, 2016, 11 (4): 715-746.

[68] Lee B S. Bank-based and market-based financial systems: time-series evidence [J]. Pacific-Basin Finance Journal, 2012, 20 (2): 173-197.

[69] Levine R. Financial development and economic growth: views and agenda [J]. Journal of Economic Liternature, 1997, 35 (2): 688-726.

[70] Levine R, Loayza N, Beck T. Financial intermediation and growth: causality and causes [J]. Journal of Monetary Economics, 2000, 46 (1): 31-77.

[71] Levine R. Bank-based or market-based financial systems: which is better? [J]. Journal of Financial Intermediation, 2002, 11 (4): 398-428.

[72] Levine R. Finance and growth: theory and evidence [J]. Social Science Electronic Publishing, 2004, 1 (05): 37-40.

[73] Liu G, Zhang C. Does financial structure matter for economic growth and income inequality in China [J]. China Economic Review, 2018, in Press

[74] Love I. Financial development and financing constraints: international evidence from the structural investment model [J]. Review of Financial Studies, 2003, 16 (3): 765-791.

[75] Love L, Zicchino L. Financial development and dynamic investment behavior: evidence from panel VAR [J]. The Quarterly Review of Economics and Finance, 2006, 46 (2): 190-210.

[76] Luintel K B, Khan M, Arestis P, et al. Financial structure and economic growth [J]. Journal of Development Economics, 2008, 86 (1): 181-200.

[76] M. Keynes. The general theory of employment, interest, and money [M]. London: Macmillan, 1936.

[78] Marmi S, Pacati C, Risso W A, et al. A quantitative approach to faber's

tactical asset allocation [R]. Social Science Electronic Publishing, 2013, 3.

[79] McKinnon R I. Money and capital in economic development [M]. Washington, D.C.: Brookings Institution Press, 1973.

[80] Merton R C. A functional perspective of financial intermediation [J]. Financial Management, 1995, 24 (2): 23-41.

[81] Minea A, Villieu P. Threshold effects in monetary and fiscal policies in a growth model: assessing the importance of the financial system [J]. Journal of Macroeconomics, 2009, 31 (2): 304-319.

[82] Modigliani F, Perotti E. Security markets versus bank finance: legal enforcement and investor protection [J]. International Review of Finance, 2000 (1): 81-96.

[83] Muhammad N, Islam A R M, Marashdeh H A. Financial development and economic growth: an empirical evidence from the GCC countries using static and dynamic panel data [J]. Journal of Economics & Finance, 2016, 40 (4): 773-791.

[84] Nakamura, Yasushi. The relationship between the real and financial economies in the Soviet Union: an analysis of government debts using newly available data [J]. Explorations in Economic History, 2017, 66: 65-84.

[85] Owen A L, Pereira J. Bank concentration, competition, and financial inclusion [J]. Review of Development Finance, 2018, 8 (1): 1-17.

[86] Papers F W. Bank-specific shocks and the real economy [J]. Journal of Banking & Finance, 2011, 35 (8): 2179-2187.

[87] Patrick H T. Financial development and economic growth in underdeveloped cuntries [J]. Money & Monetary Policy in Less Developed Countries, 1966, 14 (2): 174-189.

[88] Philippon T. Financiers versus engineers: Should the financial sector be taxed or subsidized? [J]. American Economic Journal: Macroeconomics,

2010, 2 (3) : 158-182.

[89] Pisani, Brender, Gagna. Money, finance, and the real economy [M].
Brussels: Center for European Plolicy Studies (CEPS) , 2015.

[90] Pyun J H, An J. Capital and credit market integration and real economic
contagion during the global financial crisis [J]. Journal of International
Money & Finance, 2016, 67: 172-193.

[91] Robinson R I, Wrightsman D. Finacial structure and development [M].
New Haven, CT: Yale UI press, 1969.

[92] Rousseau P L, Sylla R. Emerging financial markets and early U.S.
growth [J].NBER Working Papers 7448, National Bureau of Economic
Research, Inc.1999.

[93] Rahman M S, Shahari F. The nexus between financial integration and real
economy: solow-growth model concept [J]. Research in International
Business and Finance, 2017, 42: 1244-1253.

[94] Rajan R G. Has financial development made the world riskier? [J]. Social
Science Electronic Publishing, 2005 (11728) : 371-379.

[95] Rajan R G, Zingales L. The great reversals: the politics of financial
development in the twentieth century [J]. Journal of Financial Economics.
2003, 69 (1) : 5-50.

[96] Rajan R G, Zingales L. Which capitalism? Lessons from the East Asian
crisis [J]. Journal of Applied Corporate Finance, 1998, 3 (11) : 1-18.

[97] Rioja F, Valev N. Does one size fit all?: a reexamination of the finance and
growth relationship [J].Journal of Development Economics, 2004, 74
(2) : 429-447.

[98] Saint-Paul G. Technology choice, financial Markets and economic
development [J]. European Economic Review, 1992, 5 (36) : 763-781.

[99] Santomero A M, Seater J J. Is there an optimal size for the financial sector?
[J]. Journal of Banking & Finance, 2000, 24 (6) : 945-965.

[100] Sarafrazi S, Hammoudeh S, Balcilar M. Interactions between real economic and financial sides of the US economy in a regime-switching environment [J]. Applied Economics, 2015, 47 (60) : 6493-6518.

[101] Schumpter J A. A theory of economic development [M]. Cambridge, MA: Harvard University Press, 1911.

[102] Scognamiglio C. The international monetary system in a real economy [J]. Open Economies Review, 1998, 9 (1) : 709-712.

[103] Shaw E. Financial deepening in economic development [M]. Oxford: Oxford University Press, 1973.

[104] Siedlecki R, Papla D. Conditional correlation coefficient as a tool for analysis of contagion in financial markets and real economy indexes based on the synthetic ratio [J]. Procedia-Social and Behavioral Sciences, 2016, 220 (31) : 452-461.

[105] Siegel J J, Warner J B. Indexation, the risk-free asset, and capital market equilibrium [J]. Journal of Finance, 2012, 32 (4) : 1101-1107.

[106] Silvestrini A, Zaghini A. Financial shocks and the real economy in a nonlinear world: from theory to estimation [J]. Journal of Policy Modeling, 2015, 37 (6) : 915-929.

[107] Sirri E, Tufano P. Costly search and mutual fund flows [J]. Journal of Finance, 1998 (53) , 1589-1622.

[108] Song J S, Do J H, Lee S W. The prevalence and the clinical relevance of anti-Ro52 in Korean patients with primary Sjögren' s syndrome [J]. Rheumatol International, 2012, 2 (32) : 491-495.

[109] Stevens G. Finance and economic development [J]. Australian Chief Executive: Official Journal of the Committee for Economic Development of Australia, 2007: 48-53.

[110] Stultz, R. Does financial structure matter for economic growth? A corporate finance perspective [R]. Paper Presented At World Bank

Conference On Financial Structure And Economic Development, February 10-11, Washington D.C, 2000.

[111] Stulz R M. Financial structure, corporate finance and economic growth [J]. International Review of Finance, 2000, 1(1): 11-38.

[112] Szakmary A C, Shen Q, Sharma S C. Trend-following trading strategies in commodity futures: a re-examination [J]. Journal of Banking & Finance, 2010, 34(2): 409-426.

[113] Thorsten B, Eric L R, Norman L. Finance and the sources of growth [R]. World Bank Policy Research Working, 1999(2): Paper No. 2057.

[114] Tong H. Threshold models in non-linear time series analysis [M]. New York: Springer-Verlag, 1983.

[115] Turco A L, Maggioni D, Zazzaro A. Financial dependence and growth: the role of input-output linkages [J]. Journal of Economic Behavior & Organization, 2019, 162: 308-328.

[116] Ujunwa A, Salami O P, Nwakoby L, et al. Financial structure and economic growth in Negeria: theory and evidence [J]. International Journal of Economics and Finance, 2012, 4(4): 227-238.

[117] Webber M. Finance and the real economy: theoretical implications of the financial crisis in Asia [J]. Geoforum, 2001, 32(1): 1-13.

[118] Yeh C C, Huang H C, Lin P C. Financial structure on growth and volatility [J]. Economic Modelling, 2013, 35: 391-400.

[119] Zakaria Z. The level of economic development and the impact of financial structure on economic growth: evidence from dynamic panel data analysis [J]. Asian Academy of Management Journal of Accounting & Finance, 2007, 3(2): 21-42.

[120] Zarrouk H, Ghak T E, Haija E A A. Financial development, Islamic finance and economic growth: evidence of the UAE [J]. Journal of Islamic Accounting and Business Research, 2017, 8(1): 2-22.

[121]Zhu Y, Zhou G. Technical analysis: an asset allocation perspective on the use of moving averages [J]. Journal of Financial Economics, 2009, 92 (3): 519-544.

中文参考文献:

[1]白钦先,丁志杰. 论金融可持续发展 [J]. 国际金融研究, 1998 (5): 28-32.

[2]白钦先.金融可持续发展研究导论 [M].北京: 中国金融出版社, 2001.

[3]蔡则祥,武学强. 新常态下金融服务实体经济发展效率研究: 基于省级面板数据实证分析 [J].经济问题, 2017 (10): 20-31.

[4]曹源芳. 我国实体经济与虚拟经济的背离关系: 基于1998—2008年数据的实证研究 [J].经济社会体制比较, 2008 (6): 57-62.

[5]陈伟国, 张红伟.金融发展与经济增长: 基于1952—2007年中国数据的再检验 [J].当代经济科学, 2008 (03): 49-56+125.

[6]陈雨露, 马勇. 金融体系结构、金融效率与金融稳定 [J]. 金融监管研究, 2013 (5): 1-21.

[7]陈雨露, 马勇, 阮卓阳. 金融周期和金融波动如何影响经济增长与金融稳定? [J].金融研究, 2016 (2): 1-22.

[8]成思危. 虚拟经济探微 [J]. 南开学报 (哲学社会科学版), 2003 (2): 23-28.

[9]初春, 吴福象.金融集聚、空间溢出与区域经济增长: 基于中国31个省域空间面板数据的研究 [J].经济问题探索, 2018 (10): 79-86.

[10]初立苹, 粟芳. 经济 "助推器" 还是 "稳定器": 保险功能的理论与实证 [J]. 云南财经大学学报, 2019 (7): 49-63.

[11]邓聚龙. 灰色控制系统 [J]. 华中工学院学报, 1982 (3): 9-18.

[12]邓淇中, 张晟嘉.区域金融发展规模、结构、效率与经济增长关系的动态分析 [J].统计与信息论坛, 2012, 27 (01): 43-48.

[13]董翔宇, 赵守国.中国经济增长与杠杆率的非线性关系研究: 基于制造业面板数据门限回归分析 [J].系统工程理论与实践, 2020, 40 (02): 343-354.

[14]董竹,周悦.金融体系、供给侧结构性改革与实体经济发展[J].经济学家, 2019（06）：80-89.

[15]董晓时.金融结构的基础与发展[M].大连：东北财经大学出版社,1999.

[16]杜厚文,伞锋.虚拟经济与实体经济关系中的几个问题[J].世界经济, 2003（7）：74-79.

[17]范学俊.金融体系与经济增长：来自中国的实证检验[J].金融研究,2006 （3）：57-66.

[18]高东胜.如何提高金融支持实体经济的效率[J].银行家,2017（12）：70- 72.

[19]耿德林,周慧.金融支持长江经济带发展研究：基于空间面板模型的分析 [J].金融纵横,2018（09）：57-64.

[20]龚强,张一林,林毅夫.产业结构、风险特性与最优金融结构[J].经济研 究,2014（4）：4-16.

[21]韩廷春.金融发展与经济增长：基于中国的实证分析[J].经济科学,2001 （3）：31-40.

[22]黄智淋,董志勇.我国金融发展与经济增长的非线性关系研究：来自动态 面板数据门限模型的经验证据[J].金融研究,2013（7）：74-86.

[23]贾高清.金融服务实体经济效率分析：基于动态异质性随机前沿模型[J]. 工业技术经济,2019（6）：28-37.

[24]贾康.在供给侧改革中加快金融创新,推动实体经济转型升级[J].新疆 师范大学学报（哲学社会科学版）,2017（06）：2+9-18.

[25]康蕾.试论宏观金融效率与经济增长[J].山西财经大学学报,2000,22 （6）：72-74.

[26]孔祥毅.金融协调的若干理论问题[J].经济学动态,2003（10）：36-38.

[27]金碚.全球竞争新格局与中国产业发展趋势[J].中国工业经济,2012 （5）：5-17.

[28]李国平,王柄权.中国最优金融结构演化路径分析[J].北京理工大学学报 （社会科学版）,2018,20（04）：53-63.

[29] 李健, 范祚军, 谢巧燕. 差异性金融结构 "互嵌" 式 "耦合" 效应: 基于泛北部湾区域金融合作的实证 [J]. 经济研究, 2012 (12): 69-82.

[30] 李健, 贾玉革. 金融结构的评价标准与分析指标研究 [J]. 金融研究, 2005 (4): 57-67.

[31] 李健, 卫平. 金融发展与全要素生产率增长: 基于中国省际面板数据的实证分析 [J]. 经济理论与经济管理, 2015, V35 (8): 47-64.

[32] 李健, 张兰, 王乐. 金融发展、实体部门与中国经济增长 [J]. 经济体制改革, 2018, 212 (05): 28-34.

[33] 李茂生. 中国金融结构研究 [M]. 北京: 中国社会科学出版社, 1987.

[34] 李苗苗, 肖洪钧, 赵爽. 金融发展、技术创新与经济增长的关系研究: 基于中国的省市面板数据 [J]. 中国管理科学, 2015 (2): 162-169.

[35] 李木祥, 钟子明, 冯宗茂. 中国金融结构与经济发展 [M]. 北京: 中国金融出版社, 2004.

[36] 李强. 金融发展与我国产业升级: 全球价值链攀升的视角 [J]. 商业经济与管理, 2015 (6): 86-96.

[37] 李强, 徐康宁. 金融发展、实体经济与经济增长: 基于省级面板数据的经验分析 [J]. 上海经济研究, 2013 (9): 3-11.

[38] 李青原, 李江冰, 江春, 等. 金融发展与地区实体经济资本配置效率: 来自省级工业行业数据的证据 [J]. 经济学 (季刊), 2013, 12 (1): 527-548.

[39] 李文艳, 吴书胜. 金融发展与产业结构升级: 基于经济危机视角的实证研究 [J]. 金融论坛, 2016 (3): 18-29.

[40] 李晓西, 杨琳. 虚拟经济、泡沫经济与实体经济 [J]. 财贸经济, 2000 (6): 5-11.

[41] 李勇, 高煜. 交易效率、金融发展与经济增长 [J]. 制度经济学研究, 2010 (2): 52-75.

[42] 李政为. 我国金融效率与经济增长关系的实证研究 [J]. 金融经济, 2013 (8): 89-91.

[43] 林毅夫, 姜烨. 经济结构、银行业结构与经济发展: 基于分省面板数据的

实证分析[J].金融研究, 2006(1): 7-22.

[44] 林毅夫, 孙希芳, 姜烨. 经济发展中的最优金融结构理论初探[J]. 经济研究, 2009(8): 45-49.

[45] 林毅夫, 徐立新. 金融结构与经济发展相关性的最新研究进展[J]. 金融监管研究, 2012(3): 4-20.

[46] 刘长青, 王震国, 孙万新.金融效率分析及其意义[J].市场周刊(财经论坛), 2003(06): 26-27.

[47] 刘红忠, 郑海青. 东亚国家金融结构与经济增长的实证研究[J]. 国际金融研究, 2006(5): 50-57.

[48] 刘金全. 虚拟经济与实体经济之间关联性的计量检验[J]. 中国社会科学, 2004(4): 80-90.

[49] 刘金全, 潘长春. 金融稳定对经济增长的非线性影响机制研究[J]. 求是学刊, 2016, 43(4): 45-50.

[50] 刘金全, 解瑶姝. 中国金融发展对经济增长的非线性作用机制研究[J]. 南京社会科学, 2016(3): 8-16.

[51] 刘骏民. 虚拟经济的理论框架及其命题[J]. 南开学报(哲学社会科学版), 2003(2): 34-40.

[52] 刘晓玲, 罗荣华. 金融发展与实体经济关系的实证分析[J]. 统计与决策, 2016(13): 170-173.

[53] 刘晓欣. 个别风险系统化与金融危机: 来自虚拟经济学的解释[J]. 政治经济学评论, 2011, 2(4): 64-80.

[54] 刘洋. 虚拟经济与实体经济背离对现代金融危机的影响研究[J]. 经济问题, 2015(1): 23-26, 88.

[55] 卢方元, 李彦龙.金融发展规模、效率与经济增长关系的实证检验[J].统计与决策, 2016(12): 145-147.

[56] 陆静. 金融发展与经济增长关系的理论与实证研究: 基于中国省际面板数据的协整分析[J].中国管理科学, 2012, 5(1): 177-184.

[57] 陆远权, 夏月. 我国金融业与实体经济非协同发展关系研究[J]. 华东经

济管理, 2014 (8): 52-55.

[58]罗超平, 张梓榆, 王志章. 金融发展与产业结构升级: 长期均衡与短期动态关系[J]. 中国软科学, 2016 (5): 21-29.

[59]罗超平, 张梓榆, 吴超. 金融支持供给侧结构性改革: 储蓄投资转化效率的再分析[J]. 宏观经济研究, 2016 (3): 8-23.

[60]罗能生, 罗富政. 改革开放以来我国实体经济演变趋势及其影响因素研究[J]. 中国软科学, 2012 (11): 19-28.

[61]马长有. 中国金融结构与经济增长的实证分析[J]. 社会科学研究, 2005 (3): 55-60.

[62]马轶群, 史安娜. 金融发展对中国经济增长质量的影响研究: 基于VAR模型的实证分析[J]. 国际金融研究, 2012 (11): 30-39.

[63]潘慧. "沪港通"提升上海配置全球金融资源能级了吗?[J]. 上海经济研究, 2019 (07): 79-87.

[64]钱龙. 中国金融业与实体经济互动发展的实证检验[J]. 统计与决策, 2013 (4): 109-112.

[65]权飞过, 王晓芳. 供给侧结构性改革与金融创新选择[J]. 财经问题研究, 2017 (1): 48-54.

[66]任碧云, 贾贺敬.金融有效支持中国制造业产业升级了吗?: 基于金融规模、金融结构和金融效率的实证检验[J].财经问题研究, 2019 (04): 45-52.

[67]沈军, 白钦先. 中国金融体系效率与金融规模[J]. 数量经济技术经济研究, 2013 (8): 35-50.

[68]沈军. 金融效率论: 二元视角下的理论分析与中国实证研究[M]. 北京: 经济科学出版社, 2006.

[69]宋玉臣. 市场有效周期理论的构建、实证及应用[M]. 北京: 中国人民大学出版社, 2015.

[70]苏基溶, 廖进中. 金融发展的倒U型增长效应与最优金融规模[J]. 当代经济科学, 2010, 32 (1): 45-54.

[71] 苏建军, 徐璋勇. 金融发展、产业结构升级与经济增长: 理论与经验研究 [J]. 工业技术经济, 2014 (2) : 139-149.

[72] 孙伍琴. 论金融结构与实体经济的适应效率 [J]. 管理世界, 2004 (5) : 134-135.

[73] 谈儒勇. 中国金融发展和经济增长关系的实证研究 [J]. 经济研究, 1999 (10) : 53-61.

[74] 田卫民. 金融发展缘何抑制了经济增长: 来自中国省际面板数据的经验证据 [J]. 经济问题, 2017 (1) : 27-32.

[75] 汪永奇, 程希骏. 金融效率与金融管理 [J]. 价值工程, 2002 (4) : 48-51.

[76] 王春凤. 我国银行主导型金融体系研究 [J]. 当代经济, 2017 (16) : 26-27.

[77] 王广谦. 经济发展中金融的贡献与效率 [M]. 北京: 中国人民大学出版社, 1997.

[78] 王广谦, 应展宇, 江世银. 中国金融改革: 历史经验与转型模式 [M]. 北京: 中国金融出版社, 2008.

[79] 王国刚. 金融脱实向虚的内在机理和供给侧结构性改革的深化 [J]. 中国工业经济, 2018 (07) : 5-23.

[80] 王恺. 金融规模、所有制结构与城镇就业容量: 基于1997—2012年中国省级面板数据的分析 [J]. 西北大学学报 (哲学社会科学版), 2014, 44 (06) : 126-132.

[81] 王军, 王昆. 我国金融发展与经济增长的非对称效应研究 [J]. 统计与决策, 2018 (9) : 150-154.

[82] 王良健, 熊炜平. 区域经济增长中的金融规模空间效应研究 [J]. 求索, 2016 (06) : 110-114.

[83] 王凌云, 余维彬. 金融过度: 金融危机视角的研究 [J]. 金融评论, 2014 (5) : 115-122.

[84] 王维安. 中国金融结构分析 [J]. 杭州金融管理干部学院学报, 2000 (1) : 11-15.

[85] 王勋, 赵珍. 中国金融规模、金融结构与经济增长: 基于省区面板数据的

实证研究［J］.财经研究, 2011, 37（11）: 50-60.

［86］王宇伟, 盛天翔, 周耿.宏观政策、金融资源配置与企业部门高杠杆率［J］. 金融研究, 2018（01）: 36-52.

［87］王兆星. 中国金融结构论［M］. 北京: 中国金融出版社, 1991.

［88］王志强, 孙刚.中国金融发展规模、结构、效率与经济增长关系的经验分析 ［J］.管理世界, 2003（07）: 13-20.

［89］王振山.金融效率论［M］. 北京: 经济管理出版社, 2000.

［90］王竹泉, 王苑琢, 王舒慧. 中国实体经济资金效率与财务风险真实水平 透析: 金融服务实体经济效率和水平不高的症结何在?［J］. 管理世界, 2019, 35（2）: 58-73.

［91］魏鹏. 供给侧改革中“去杠杆”的困境、风险及对策［J］. 湖北社会科学, 2016（12）: 75-83.

［92］吴建军. 中国M2/GDP过高: 基于IS-LM模型的分析［J］. 金融研究, 2007 （5）: 40-48.

［93］吴秀生, 林左鸣. 以广义虚拟经济的视角定位“新”经济［J］. 经济体制改 革, 2006（2） : 12-16.

［94］夏璋煦, 刘渝琳.“赐福”还是“诅咒”: 金融与实体经济的非线性发展 ［J］.财经科学, 2019（06）: 28-41.

［95］谢家智, 王文涛. 金融发展的经济增长效率: 影响因素与传递机理［J］. 财 贸经济, 2013, 34（7）: 59-67.

［96］谢婷婷, 赵莺. 科技创新、金融发展与产业结构升级: 基于贝叶斯分位数 回归的分析［J］.科技管理研究, 2017（5）: 1-8.

［97］辛念军.经济增长中的金融效率［M］.北京: 经济科学出版社, 2006.

［98］徐康宁, 倪宁宁. 实体经济四问及阐释［J］. 现代经济探讨, 2017（10）: 7-12.

［99］徐晔, 宋晓薇. 金融集聚、空间外溢与全要素生产率: 基于GWR模型和门 槛模型的实证研究［J］. 当代财经, 2016（10）: 45-59.

［100］杨德勇. 金融效率论［M］.北京: 中国金融出版社, 1999.

[101] 杨俊, 李之民, 周曦冉. 金融结构与经济增长质量: 基于2001—2012年中国省际面板数据的实证分析 [J]. 技术经济, 2015, 34 (4): 73-80.

[102] 杨可方, 李世杰, 杨朝军. 金融结构与中国产业升级的关联机制研究 [J]. 管理世界, 2018 (8): 174-175.

[103] 杨琳, 李建伟. 金融结构转变与实体经济结构升级 (上) [J]. 财贸经济, 2002 (2): 11-14.

[104] 杨龙, 胡晓珍. 金融发展规模、效率改善与经济增长 [J]. 经济科学, 2011 (1): 38-48.

[105] 杨涛. 从供给侧改革看金融结构优化 [J]. 浙江经济, 2016 (4): 12-13.

[106] 杨友才. 金融发展与经济增长: 基于我国金融发展门槛变量的分析 [J]. 金融研究, 2014 (2): 59-71.

[107] 姚耀军, 董钢锋. 金融发展、金融结构与技术进步: 来自中国省级面板数据的经验证据 [J]. 当代财经, 2013 (11): 56-65.

[108] 叶望春. 金融工程与金融效率相关问题研究综述 [J]. 经济评论, 1999 (4): 76-84.

[109] 易信, 刘凤良. 金融发展、技术创新与产业结构转型: 多部门内生增长理论分析框架 [J]. 管理世界, 2015 (10): 24-39.

[110] 应展宇. 中美金融市场结构比较: 基于功能和演进的多维考察 [J]. 国际金融研究, 2010 (9): 87-96.

[111] 俞立平, 燕小青, 熊德平. 金融规模、金融调控与经济增长: 基于中国改革开放以来的实证研究 [J]. 山西财经大学学报, 2012, 34 (08): 11-20.

[112] 袁申国, 张振华. 金融效率抑制了经济波动吗: 基于61个国家面板数据的经验研究 [J]. 当代财经, 2019 (07): 59-71.

[113] 云鹤, 胡剑锋, 吕品. 金融效率与经济增长 [J]. 经济学 (季刊), 2012, 11 (2): 595-612.

[114] 张成思, 刘贯春. 经济增长进程中金融结构的边际效应演化分析 [J]. 经济研究, 2015 (12): 84-99.

[115] 张杰, 杨连星. 资本错配、关联效应与实体经济发展取向 [J]. 改革, 2015

（10）：32-40.

[116] 张林, 冉光和, 陈丘. 区域金融实力、FDI溢出与实体经济增长: 基于面板门槛模型的研究[J]. 经济科学, 2014（6）：76-89.

[117] 张林, 张维康. 金融服务实体经济增长的效率及影响因素研究[J]. 宏观质量研究, 2017（1）：47-60.

[118] 张丽娜, 王静. 农村金融规模、结构、效率与经济增长关系的实证分析[J]. 西北农林科技大学学报（社会科学版）, 2014, 14（02）：53-59.

[119] 张晓朴, 朱太辉. 金融体系与实体经济关系的反思[J]. 国际金融研究, 2014（3）：43-54.

[120] 张亦春, 王国强. 金融发展与实体经济增长非均衡关系研究: 基于双门槛回归实证分析[J]. 当代财经, 2015（6）：45-54.

[121] 张羽, 赵晓梦. 创新驱动发展中的金融结构与经济增长: 最优金融结构理论视角下的中国经验[J]. 宏观经济研究, 2018（5）：47-61.

[122] 张志强. 金融结构与经济发展的影响机制: 基于"新结构主义"和"金融服务"视角的分析[J]. 商业研究, 2019（04）：60-68.

[123] 张志元, 李东霖, 张梁. 经济发展中最优金融规模研究[J]. 山东大学学报（哲学社会科学版）, 2016, 1（1）：88-97.

[124] 张志元, 马永凡, 胡兴存. 金融供给侧改革与新旧动能转换的耦合效应研究: 以山东省为例[J]. 东岳论丛, 2018, 39（10）：44-54.

[125] 赵振全, 于震, 刘淼. 中国金融结构和经济增长的关联性分析: 理论与实证[J]. 吉林大学社会科学学报, 2006, 46（3）：17-26.

[126] 赵振全, 于震, 杨东亮. 金融发展与经济增长的非线性关联研究: 基于门限模型的实证检验[J]. 数量经济技术经济研究, 2007, 24（7）：54-62.

[127] 郑旭. 论经济发展中的金融效率[J]. 云南民族大学学报（哲学社会科学版）, 2005（02）：91-95.

[128] 中央党校中国特色社会主义理论体系研究中心. 牢牢把握实体经济这一坚实基础: 深入学习贯彻中央经济工作会议精神[EB]. 中国经济网, 2011. http://theory.people.com.cn/GB/16707763.html

[129] 周建亮, 鄢晓非. 我国金融与实体经济共生关系的实证研究[J]. 统计与决策, 2015(20): 137-140.

[130] 周迪. "量"和"质"角度的中国金融规模地区差距及分布的动态演进: 基于Dagum分解与扩展的分布动态学模型[J]. 上海经济研究, 2015(01): 19-28+36.

[131] 周国富, 胡慧敏. 金融效率评价指标体系研究[J]. 金融理论与实践, 2007(8): 15-18.

[132] 周力, 张宁. 金融发展规模、效率和结构对经济增长的影响[J]. 统计与决策, 2016(8): 158-161.

[133] 周莉萍. 金融结构理论: 演变与述评[J]. 经济学家, 2017, 3(3): 79-89.

[134] 周升业. 金融资金运行分析: 机制·效率·信息[M]. 北京: 中国金融出版社, 2002.

[135] 周现国. 金融效率测度指标探讨[J]. 金融理论与实践, 2019, 478(05): 47-53.

[136] 周小川. 金融业要注重支持实体经济[N]. 金融时报, 2011-12-21(001).

[137] 周悦, 董竹. 金融结构与实体经济发展空间溢出效应研究: 基于空间杜宾模型的分析[J]. 经济问题探索, 2020(05): 134-148, 159.

[138] 朱喜安, 李文静. 金融发展与实体经济区域差异研究: 基于夏普利值分解模型[J]. 经济问题探索, 2019(02): 109-117.

[139] 朱玉杰, 倪骁然. 金融规模如何影响产业升级: 促进还是抑制?——基于空间面板Durbin模型(SDM)的研究: 直接影响与空间溢出[J]. 中国软科学, 2014(4): 180-192.

[140] 邹伟. 金融规模、金融效率与区域经济增长的关系: 珠海案例的实证研究[J]. 金融理论与教学, 2015(05): 19-24.